月刊秘伝

武道・武術の秘伝に迫る
THE HIDEN BUDO & BUJUTSU

【特別編集】

武術に学ぶ 体軸と姿勢

あらゆるパフォーマンスが
劇的に上がる！

BAB JAPAN

はじめに

今、日本国内はもちろん世界中を見渡しても、様々な意味で時代の転換期を迎えているように思える。先の読めない社会情勢の中で、身体技法だけではなく生き方としても特に重要になってくるのが「姿勢」ではないだろうか。

武術を含む東洋文化では、心と身体は一つのものとされる。身体の姿勢を整えたなら、即ち、心の状態も整っているということだ。だからこそ、人生そのものにも直接的に活かせる極意なのだろう。

ならば、「良い姿勢」とはどのような姿勢なのか？ である。現代においては、学校教育で「気を付け！」の姿勢を教えられる。この極端に胸を張って骨盤をやや前傾して硬直した「気を付け！」の姿勢は西洋の軍隊を参考にされたものであり、「気」が胸や頭のほうに上がる態勢といえよう。

一方、日本古来の「良い姿勢」は、肩が自然に落ちて骨盤は中立で仙骨を締めるといわれることが多いようだ。そして「気」は丹田（下腹）に沈める。このように文化や民族によって「良い姿勢」は大きく異なる。日本人の身体が本来の能力を発揮するためには、やはり日本伝統の身体文化を無視することはできないだろう。

姿勢と一言で言っても、骨格や筋肉で説明できる部分もあれば、意識的で見えない部分もある。また、ただ立つ時の姿勢だけではなく、様々な「動き」の中での姿勢を想定する必要があるだろう。その見えない部分であり、動作によって絶えず変化する姿勢の本質にあたるのが「体軸」といえるのではないか。近年、スポーツの世界でもインナーマッスルが重視され、体幹トレーニングも流行っているが、「体軸」はその大前提として認識しておくべきものだろう。武術では古よりこれを磨き抜いてきたのである。

「姿勢」と「体軸」は身体技法の最重要テーマだが、その捉え方やアプローチの仕方は人それぞれだったりもする。しかし、これぞ極意だという認識は、概ね共通しているように感じる。

本書では、今、武術界で最も注目度の高い達人・名人、合計10人が、それぞれの角度から「姿勢」と「体軸」についての見解と活用法を紹介する。読者の皆様において、これら10通りのアプローチを網羅されることによって、ご自身が取り組む武術、スポーツ等はもちろん、日常生活の質的転換への大きな力となることを願っている。

『月刊秘伝』編集部

CONTENTS

第2部

姿勢・

第1部

「体軸」の養成と活用

クイック体軸調整法　イス軸法

天と地をつなぐ〝第三の脚〟

Part ❶
河野智聖

Part ❷&❸
西山創

イス軸法で〝中心に合った〟状態を作り出す

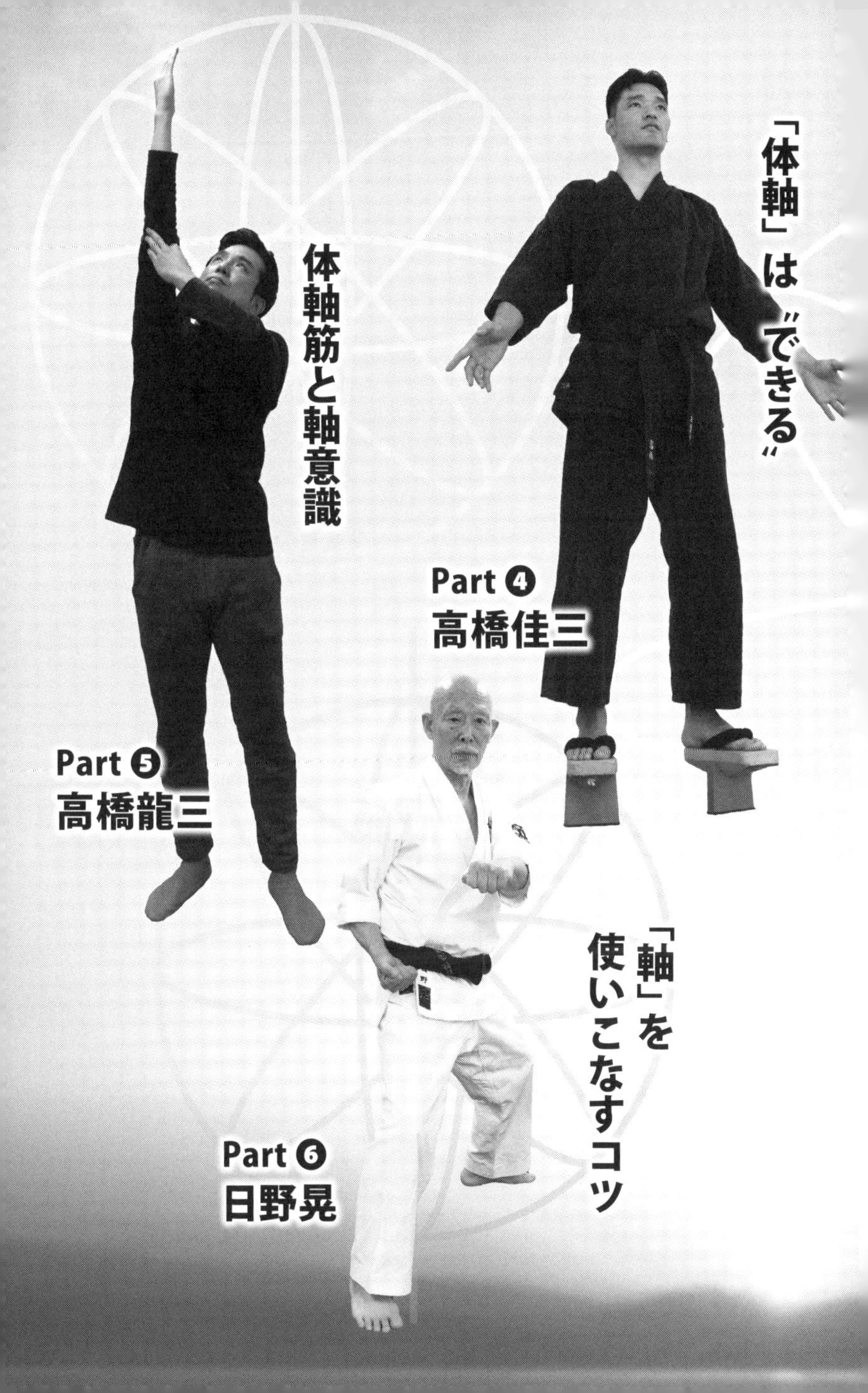
「体軸」は〝できる〟
Part ❹
高橋佳三
体軸筋と軸意識
Part ❺
高橋龍三
「軸」を使いこなすコツ
Part ❻
日野晃

第1部

体・軸・

PART 1

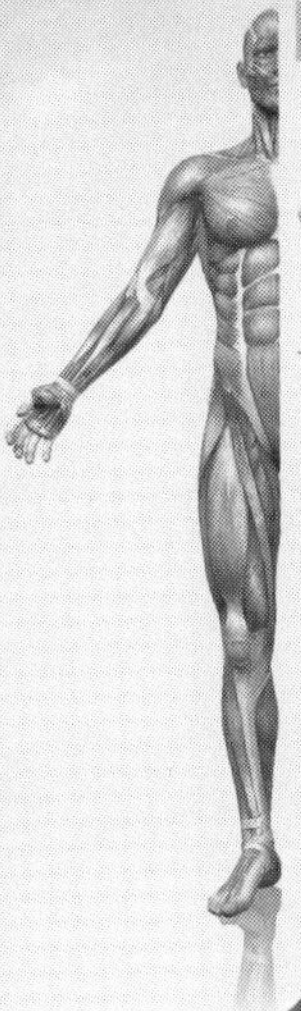

天と地をつなぐ“第三の脚”

「日本人の知恵」の中にある「体軸」養成法

文◎河野 智聖

河野 智聖

やまと武芸・心道

Kono Chisei

人間の身体を「動き」から解析する「動体学」を提唱。整体、武術を通じて日本人のカラダの使い方を研究し、「やまと武芸・心道」「快気法」「チセットヨーガ」「SLC ニコニコタッチセラピー」など、新しい体技を考案。東京に「動体学研究所」、神戸に「全生庵」道場を持ち、他に大阪、名古屋、沖縄、オランダ、フランスで定期的に講座や講習会を開催している。新宿朝日カルチャー「和のボディーワーク」講師。著書に『感覚で超えろ！』『日本人力』『能に見る日本人力』（以上、BAB ジャパン）、『心身を拓く整体』『緊急時の整体ハンドブック』（以上、ちくま文庫）など、多数。（株）CBD「智聖整体 Life」主宰。

理想の身体は野性的な身体

「背中まっすぐだね」
「姿勢がいいね」

日常で何気なく使うこの言葉は、実は勘違いした使い方だ。私たちが背中をまっすぐだなと感じるのは、背骨が「S字カーブ」を描いているからだ。

この姿勢は四つ足だった野生動物の時の姿勢である。四つ足になってみるとわかるが、しなやかな身体であるほど首や背中がくびれ、肩甲骨が浮き上がってくる。理想的な人間の心身は、「身体が野生的、頭が知性的な状態」である。

しかし、AI、スマホ、パソコンなど、電子器具の生活を続けていくと頭に気が上がっていき、身体自体も野生から遠ざかっていく。肩甲骨は貼りつき猫背となり、骨盤は下垂し恥骨が前に飛び出してくる。

背骨がＳ字カーブを描いている背中

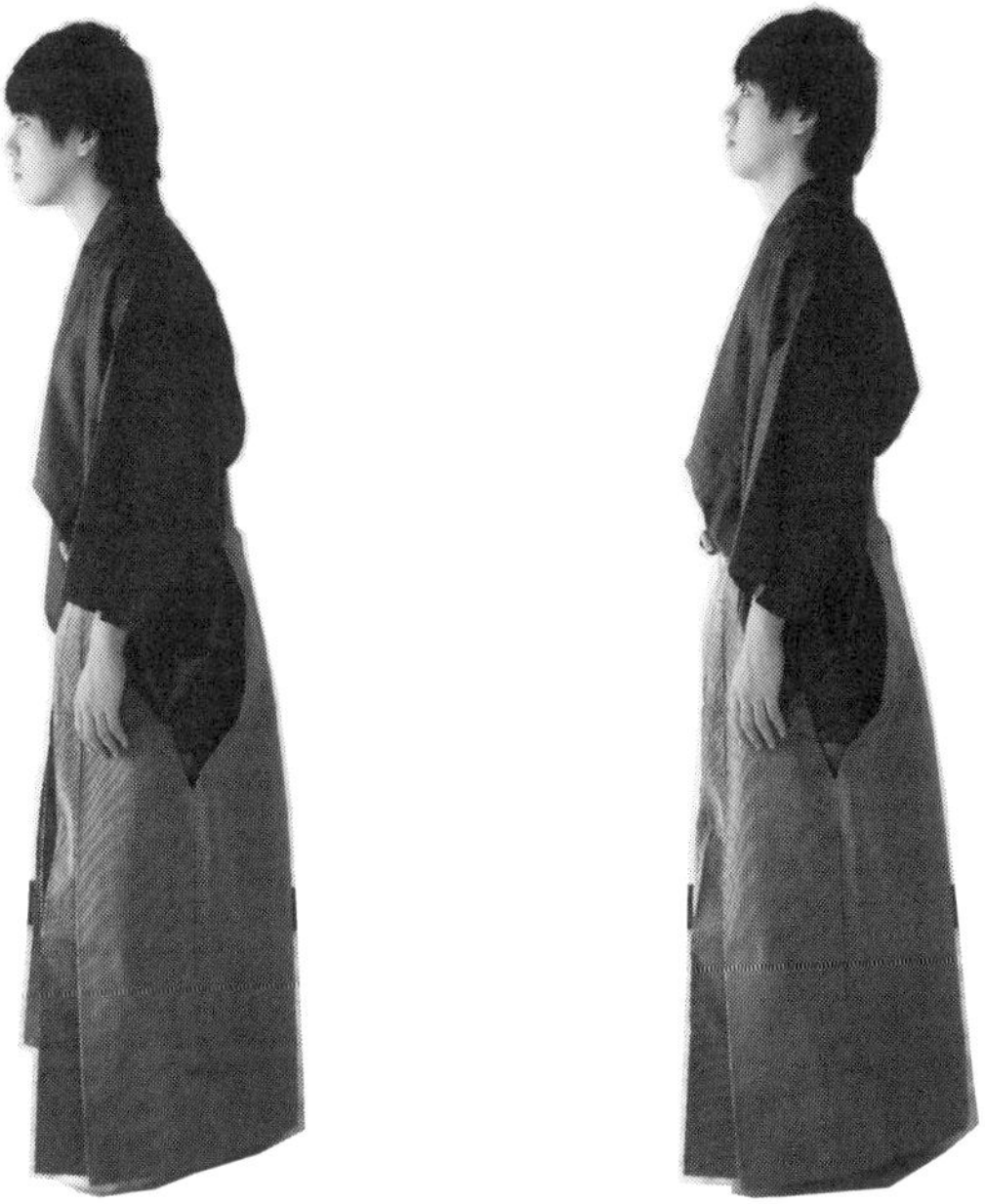

背骨がＳ字カーブを描いている状態が、背中がまっすぐで、良い姿勢に見える(右写真)。これに対して、ムリに背骨をまっすぐにしようとすると、頭部が前に出て胸がつぶれた姿勢になってしまう（左写真)。かなりの割合の現代人が、肩甲骨が貼りつき猫背となり、骨盤が下垂し恥骨が前に出ている、このような姿勢になってしまっている。

電脳的生活を送り、身体が野生から遠ざかると、背骨のS字カーブはなくなり、地面に対して背骨が垂直な姿勢となる。

良い姿勢の利点

では良い姿勢の利点とは何か？　以下は、良い姿勢の利点である。

○呼吸が深くなり行動的になる。
○希望を持った日々を送ることができる。
○歩く時に二本の足で歩くのではなく体軸を中心に歩くようになる。

骨盤は息を吸うと反り、吐くとくぼむようになっている。反ると足の裏の親指の付け根に重心が移り行動ができる。くぼむと踵重心になり動けなくなる。

腰が反ると胸が開く。腰がくぼむと猫背となる。希望が湧くと胸が開き、ガッカリすると胸が萎縮する。逆に言うと猫背になると希望が湧きづらくなる。

物理的に考えると二本の脚で立つというのは不可能なことである。3本あって初めて立つことができる。私たちはその3番目の脚のことを「中心軸」または「体軸」と呼んでいる。体軸がしっかり立つほど背骨が凛としてくる。

体軸が育っていない立ちはじめの赤ん坊は左右の脚に重心を移動しながら歩く。体軸がしっかり立つと、体軸を中心に左右にブレずにまっすぐに歩くことができる。

立つことで得たもの

私たち人間だけが四つ脚から二本脚となり、立つことが許された。

立つことで得たことが三つある。

❶手が自由になり道具を発明した。それがやがて「文化」として発展していく。

二本足歩行が可能となり、手が自由となった。物を掴む、武器や道具をもち、それがやがて「道具の発明」として発展していく。文化の享受は道具の発明から発展したと言える。

❷親指と４本の指が分離して動き、「言語」が発達した。

例えば、脳溢血で左脳が壊れた場合は右手の親指が動かなくなる。そして言語中枢が失われ、言葉がうまくしゃべれなくなる。日常の例で言えば、お酒を飲み過ぎると右手の親指と人差し指の間「合谷《ごうこく》」が分厚くなる。分厚くなると、ろれつが回らなくなる。これらのことから、親指は言語に関係していることがわかる。人間は親指と4本の指が分離して動くことで「言葉」が生まれ、言語が発達してきたのだ。

❸背骨が立ち、地と天をつなぐアースとなり、自然崇拝、信仰や過去未来、宗教観が育った。

人間が人間たる所以は立つことから生じる。人間が他の動物と違って人間にしかできないことは何だろう？　宇宙を感じる、世界に想いを寄せる、自然を崇拝する、神を信仰し宗教観を育てる、過去を振り返り未来を描く。

これらの能力は人間にしかない能力であろう。ではなぜこういう思考が可能となったのだろうか？　それは背骨が垂直となることで地と天をつなぐアースとなったからだと私は思っている。

背骨を通じて天と地をつなぐ意識を持つと…

横から腕を掴まれて、座ろうとするのを力で防ごうとされている場合、筋力で対抗しようとしても、相手の力とぶつかり、座ることはできない。①〜③背骨を通じて天と地をつなぐように意識して、体軸を立てると、相手も一緒に座ることができる。

骨盤を引き締めて鼠蹊部から折り曲げると…

正座しているところから両手をついてお辞儀をしようとするのを、後ろから肩を持たれて防ごうとされている場合、背骨を曲げてお辞儀しようとしても、手をつくこともできない。①〜③骨盤を引き締めて体軸を立て、鼠蹊部から折り曲げ恥骨を引いていくと、体軸が崩れないため、相手は引きつけられるように腰を浮かせてしまい、お辞儀することができる。

日本人の智恵の中にある体軸を立てる方法

武術で言われる「自然体」というのは、天と地を背骨を通じてつないだ状態である。天と地をつなぐ状態を作ることで360度の視野を持ち気配に敏感となる。未来や世界のことに想いを寄せることができる。

ただ立つだけでは他人のことや未来のことはみえない。目の前の欲に走ってしまうのだ。現在の社会ではただ立っている人が増えてしまってきている。体軸をしっかり立てることから人間としての能力が増すと言える。

日本人は体感としてこのことを知っていて、良い姿勢でいることに美を感じ、求めてきた。それを「躾」と呼んだ。文字通り身を美しく保つ身体教育の言葉だ。この人間力を最大限に発揮するのが「日本人力」だと言える。

簡単に軸を立てる方法が日本人の知恵の中にある。それは「腰帯」をすることだ。武道では帯を締める。袴をはく。紐で骨盤をまとめる。1本の棒を両手ではさむ。はさみ具合が弱いと棒はグラグラする。しっかりとはさむと棒は安定する。

人間の身体も同じで、骨盤を締めることによって背骨が凛と立つ。「上虚下実」は骨盤の締めで自然と成り立つ。

私に体軸の重要性を考えさせてくれたのは礼法、能、古神道の作法であった。古式の作法を通じて武術の技を検証すると「日常の動作＝武術の技」だと気づいた。武術を学んでいろいろな技を覚える時期があった。特殊な技を覚えなくても、座ること、立つこと、お辞儀すること、手を上げること下ろすこと、腕を前に差し出すこと引くことが技となる。それが即ち、日本人が求めていた身の美「躾」であったのだと思う。

DATA

◎河野智聖　汀 -migiwa-　https://migiwa.life/
E-mail　info@migiwa.life

こちらから関連動画を観られます（「WEB秘伝」動画ギャラリー）

第1部

体・軸・

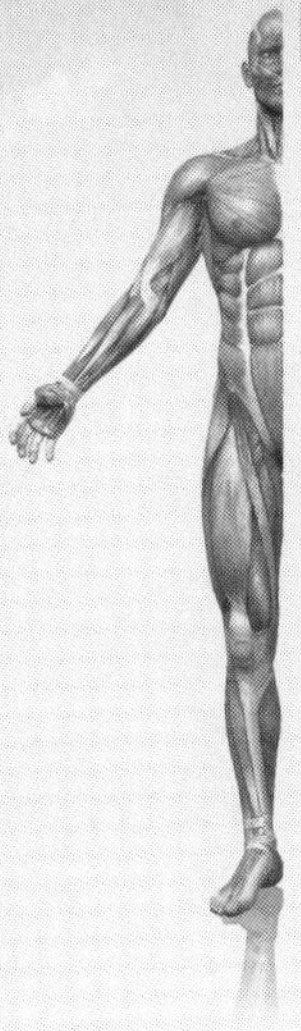

PART 2

クイック体軸調整法 イス軸法

文◎西山 創

西山 創

「イス軸法」開発者

Nishiyama Hajime

イス軸法 ® 開発者。岡山太極拳会代表。身体に優しい回復法を研究する会主宰。1976 年、岡山県岡山市生まれ。中学・高校と柔道部に所属。21 歳の時上京し、中国伝統武術の門を叩く。意拳、太極拳、八卦掌、心意拳を学ぶ。日中散打友好大会 最優秀選手賞受賞 (2001 年)、意拳散打推手大会 散打部門優勝 推手部門優勝 (2002 年)。東京恵比寿の治療院に勤務し、日本全国で膝痛回復セミナー講師を務める。34 歳の時、岡山県で pep からだ工房・岡山太極拳会を開業。PST 協会スクール講師（西日本担当）に就任。大阪、愛知、岡山、福岡の教壇に立ちプロ療法師を育成。42 歳、身体に優しい回復法を研究する会立ち上げ。43 歳、イス軸法の普及活動開始。指導・監修 DVD に『クイック体軸調整　イス軸法』がある。

イス軸法の開発

イス軸法とは、私が長年整体と武術を研究する中で発見し、開発したクイック体軸調整法です。最初に、イス軸法を開発した経緯をお話ししようと思います。

私は、約30年武術の稽古を行っています。学生時代は柔道を、21歳から中国武術を始めて意拳、太極拳、八卦掌、沖縄空手など、様々な武術を体験させて頂きました。散打大会で優勝した経験もあります。現在は岡山に帰郷し武術教室を開いています。いざ自分が教える立場になると、なかなか伝えたい事が伝わらないことを痛感しました。

特に私は、体軸（立ち方）を重視しています。体軸は感覚的なものであるが故に、正確に他人に伝える事は不可能です。しかし、なんとか伝える方法がないものかと試行錯誤していた時、体軸を形成する体の仕組みと理論を発見することができました。

イス軸法のポイント

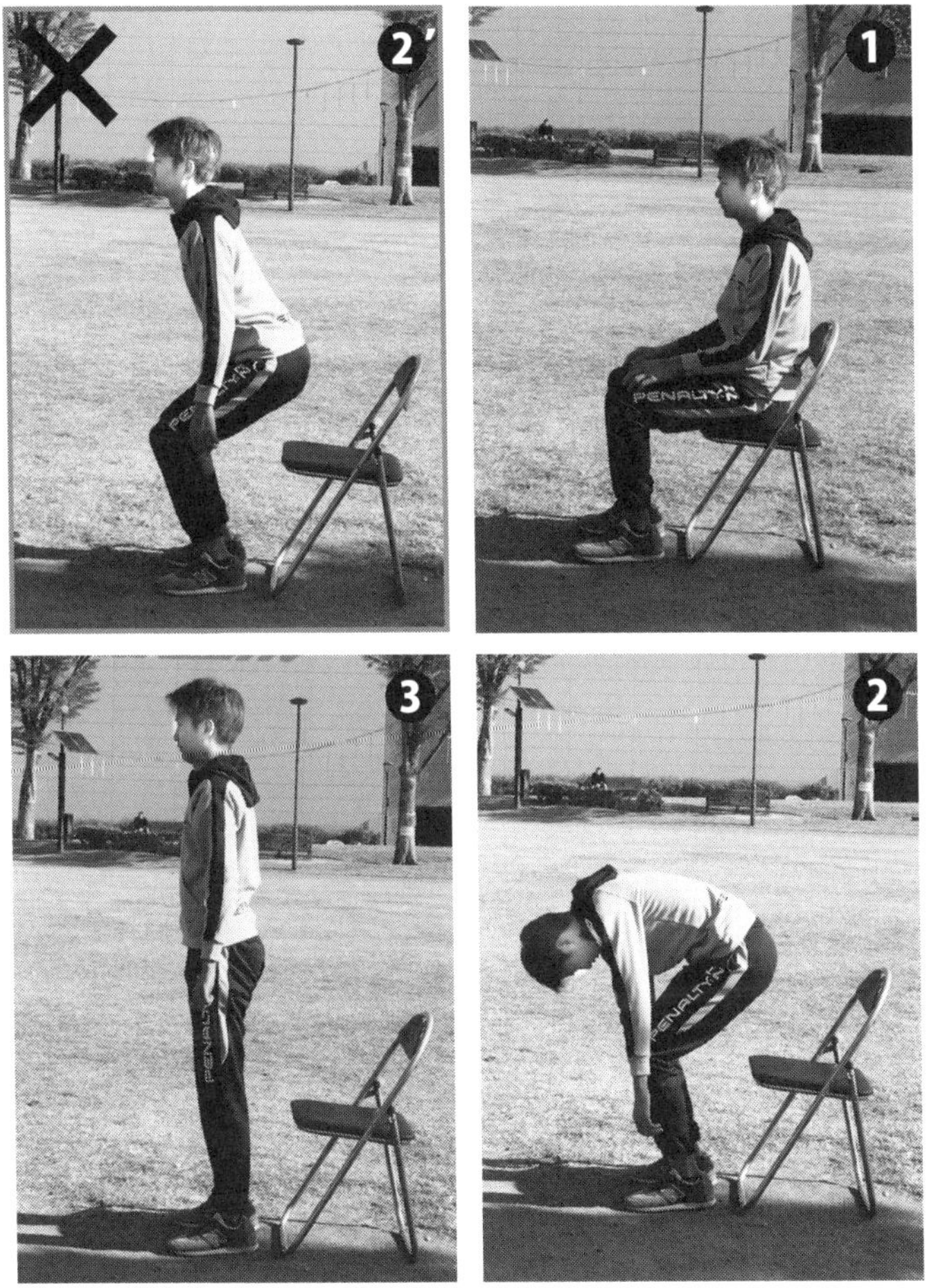

①リラックスしてイスに座り、②力を抜いて前傾しながら、③立ち上がる。②'のように、座り、立つ時に、背中の筋肉に力が入ってしまうと、中心軸は作れないので、リラックスしてゆっくりと行うこと。

〝今〟のコンディションに合った体軸に調整される

イス軸法のやり方はシンプルです。リラックスしてイスに座った状態から、おじぎをしてゆっくり立ち上がるだけで構成されています。

イス軸法を体験された方は「特に何も変わってないけど？」と不思議そうな顔をされます。しかし、体軸チェック法を行うと身体の変化にビックリされます。自分の実感がないところで自動的に体軸が調整されている事に気が付きます。

うまく体軸が調整できると、体の動きがいつもより楽になり、足の裏全体が地面にベタっと吸い付いた様な感覚があります。

身体のコンディションは日々違っているので、自分の勘を頼りに立ち姿勢を作ると微妙な誤差が生まれ、良い時と悪い時の差が出てきます。イス軸法は、〝今現在〟のコンディションに合った体軸に自動的に調整されるので、安定したパフォーマンスを発揮しやすくなります。

不安定だからこそ安定する

軸とは、アンバランスな不安定の中でこそ作られるものです。例えば、体操の内村航平選手が子供の頃不安定なトランポリンで、空中での中心軸を養っていたのは有名な話です。武術の達人がただ立っているだけで体軸が作れるのは、体内を極力リラックスさせ身体の不安定を作り出せているからです。長年の修業の賜物です。

イス軸法では、座った状態から立つ過程の一番不安定になる瞬間に軸が生成されます。何かにもたれ掛かっていたり安定した状態では、身体は自立した中心軸を必要としないのです。

イス軸法の大いなる可能性

イス軸法のストロングポイントは、①老若男女問わず行えること、②5秒でベストな体軸が作れること、③場所を選ばないこと、です。

大事な試合に出場する正にその直前に、ベストな軸を即座に作る事ができます。直前に体軸を作る事で安定した成績が残せる可能性が高くなります。

体軸ができると中心が生まれるので単純にバランスが良くなります。バランスが良くなると無駄な力みがなくなり手足が軽く自由に動くようになります。重力を味方につけることができるので、地面を蹴る力、踏ん張る力が強くなります。

体軸チェック

①イス軸法を行う前は、前からの圧力に少し後方に押されているが、②イス軸法を行った後は、同様の前からの圧力にも押されることがない。
イス軸法を行った前と後で、体軸がしっかりとできているかをチェックする方法としては、他にも、片足立ちでの安定度などでも調べることができる。

健康面では、肩こり、腰痛の予防にもなり、脚が悪くうまく歩けなかった方が歩けるようになったという報告も受けました。

なお、普段通り手を使ってイスから立ったらどうなるか、多くの方で検証した結果、例外なく、バランスが悪くなってしまっている事が確認できました。実は知らないうちに私達は、何気ない日々の日常生活の中で体軸の感覚を失っているのです。

スポーツの練習や武道の稽古でも、バランスの悪いまま練習を続けると、悪い身体の使い方がクセとして身についてしまいます。特に成長期の子供がトレーニングする際には、気をつけてあげなくてはなりません。

私の開発したイス軸法が、子供達の発育の助けに、スポーツ選手のメンテナンスに、高齢者の健康維持に、少しでもお役に立てたら本当に嬉しく思います。

DATA

○イス軸法　https://www.isujiku.com/
○岡山太極拳会　https://oka-suisyu.jimdo.com/

第1部

体・軸・

PART 3

イス軸法で〝中心に合った〟状態を作り出す

西山 創
「イス軸法」開発者
取材・文◉加藤 聡史

あらゆる動作の質と強度を向上させる

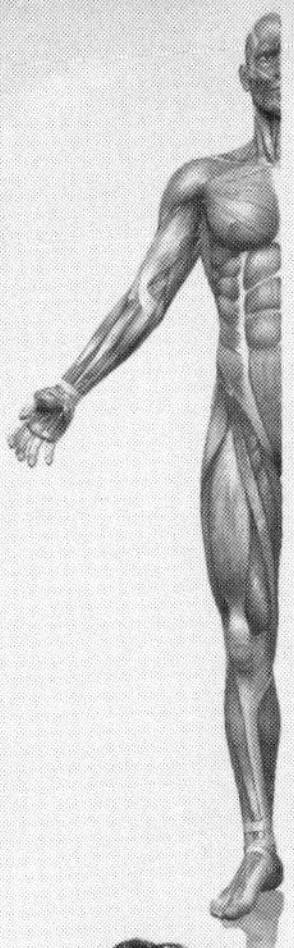

体軸を人に伝える方法として開発された「イス軸法」

誰もが素早く「体軸」を形成し、あらゆるシーンでパフォーマンス向上に結び付けることができる画期的メソッド「イス軸法」。その開発者である西山創《はじめ》師に、今回イス軸法と姿勢について話を伺った。

簡単に西山師の経歴をご紹介しよう。西山師は中学・高校時代は柔道に打ち込んでいた。高三になり進路を考えている頃、中国武術を行っている友人に太極拳の先生を紹介してもらったそうだ。当時の西山師に中国武術は全く未知のジャンル。質問を繰り返す中で「では柔道式に組んでごらん」と言われ、柔道式の組手で組むと「寸勁でボーンと吹き飛ばされました」と西山師。

こんなにも凄いことが出来るのかと感じ入った西山師は「これは気ですか？」と尋ねる

と、「いや、これは身体の使い方だ」と説明され、「身体の使い方で出来るのなら、自分にも出来るのでは？」との思いから中国武術修行の道に入った。上京が決まっていたため、その先生に師事することはなかったが、上京後「意拳」に入門。その基本練習が站椿《たんとう》であった。

師父からは「四時間立て」と言われたそうだが、さすがに最初からは出来ず、十五分程度から徐々に始めていった。「一、二年すると站椿を通じて自分が強くなっていく感覚を覚えるようになりました」と西山師。「立つこと」自体の有効性に気付いた西山師は、突き蹴りなどの具体的技術より立ち方そのものを学ぶことを希求し始める。

その後、研究を重ねること八年。ついに体軸感覚を掴み得たそうだ。既に武術を指導する立場となっていたが、まだ体軸を生徒に教える手段は持っていなかった。西山師の提唱する体軸は、姿勢、筋力、骨で立つなどの要素とは無関係。実体として説明し得るものではない感覚的なものである。故に、他人にそれを伝えるのは困難だ。西山師は整体も長年学んでおり、整体のセルフケア法なども鑑みて「体軸を人に伝える方法」として結実したのが「イス軸法」だ。

「体幹」と「体軸」の違い

では、どのような状態が体軸が出来た状態なのか。それを西山師は「その人が中心に合った状態」と表現した。人は立位の時、重力を背骨や広背筋で感じている。中心軸が出来るとそれらの物理的構造物ではなく、文字通りに自分の身体の中心で重力その他の外力を感じるようになるという。但し、体形体格は個人差があり、人は当然動くので、個々人、体位によっても中心は変化する。

背骨の配列や体幹部の筋肉群の発達によるバランスや外力への強さとは飽くまで異なるのが、西山師の提唱する「体軸」であり、解剖学的な構造によるものは全て「体幹」に分類される。体幹部の構造を利用して身体能力を上げようというのは「身体操作」だ。しかし、体軸を形成するということは身体操作とも異なるという。ボールを想起すれば分かりやすいが、実体として存在するわけではないが、どんな物にも必ず中心は存在する。西山師は「見ただけで個々人の中心を察することは出来ませんが、その人が中心で立てているかどうかは判別出来ます」と語る。

体軸が形成されることの意味

自転車に乗れる人ならある程度の凸凹道でも走行し続けられる。背中を伸ばそうが丸めようが、いずれにしろ走るだけなら出来るだろう。これは体軸を使っているということだ。では、自転車のロードレースに出るとなったらどうか。こぐ動作のため、下肢から体幹部の筋肉を鍛え、背骨の角度、骨盤の位置をしっかりポジショニングすることになる。こちらが体幹を使った身体操作だ。

体軸が形成されれば体勢に影響されることなくフルスペックの能力を発現出来るわけで

ある。しかしながら、一般には体軸が形成されていないバランスや出力に難がある状態のまま「体幹部の筋肉を鍛えたり」「姿勢によって骨の構造強度を高めたり」して、それをカバーしていることが多い。これを西山師は非常にもったいないことだと考えている。そもそもの体軸が合えば、これらの要素もパフォーマンスへ全振り出来るのだ！

そこで具体的にどのように体軸を作るのかを記者自らが体験させていただいた。普段記者は合気道やMMA（総合格闘技）を練習している。両者には様々な違いはあるが、顎が出たような首が前傾した姿勢を厳しく戒められるのは共通したところだろう。首の前傾、猫背、骨盤の後傾……これらを師範やコーチに重ね重ね戒められた結果、自分の立位がかなり真っすぐ立った姿勢となっている自覚がある。

西山師が記者を各方向から押してみると、後ろからの押しには相当程度耐えられるが、やはり前からの外力に対しては崩れを起こしやすい。体幹の捻転状態、側方屈曲状態で押されると耐えることが出来ない。各人によって体形や身体の使い方のクセで違いが出るのだろうが、記者の場合は重心が後方に偏りすぎなアンバランスを起こしているようだ。

右ストレートを打ち終わった形で前から押し込まれた場合は、意識して体幹の力を集中すれば、かなりの外力に堪えることが出来るが、身体を反ったり、丸めたりすると簡単に崩れを起こしてしまう。この辺りは正に西山師の言う「体幹」と「身体操作」の分野であろう。

「イス軸法」のやり方

これをイス軸法を使って整えていくわけだが、まずイスに浅く腰掛け、足幅は拳一つ分程度にセット。お辞儀をするように身体全体を前傾させつつ立ち上がる。恐らく連続写真のキャプションや本文でこれを読む人は、かなりスローな動作をイメージしがちになるだろうが、実際には意識して緩慢な動作をしなくともスッと立ち上がって良いようだ（ただし、イス軸法に取り組み始めて間もないような人は、全身に少しも力みが生じていないか

イス軸法

❶

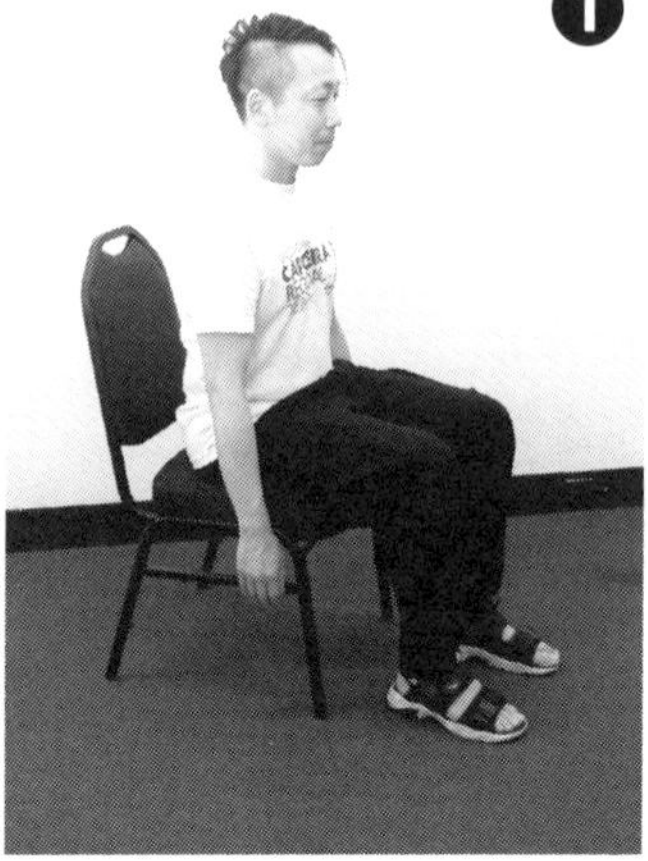

❷

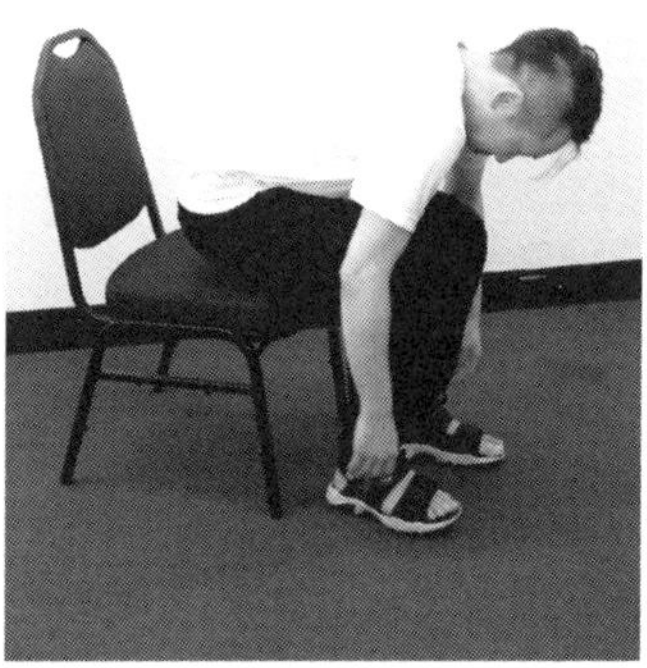

❸

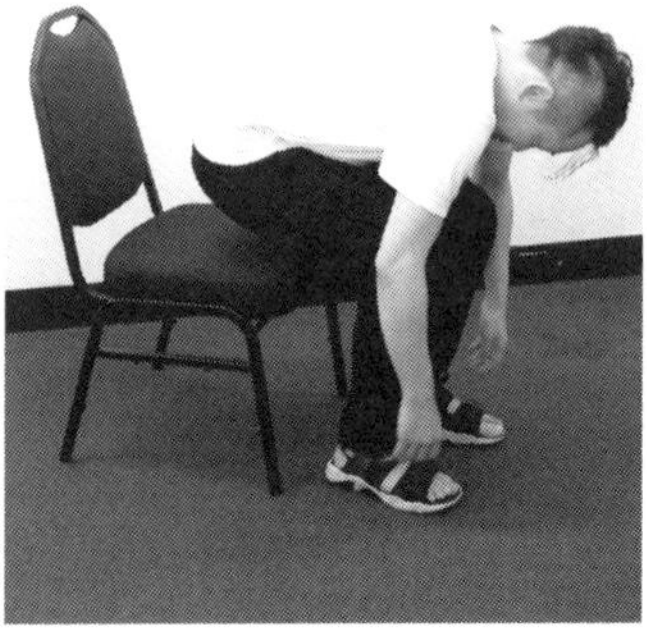

❹

イス軸法の正しいやり方を紹介する。①足幅は拳一個分開き、椅子の背に背中がつかない形で座る。②～③背中と首の力を抜きながらお辞儀をして、お尻を浮かせる。④～⑤その状態から、ゆっくり時間をかけて立ち上がり、前傾が保たれた状態で一旦止まる。注意点としては、リラックスして、ゆっくり行うこと。⑥このイス軸法を行った後で、通常の立位に戻れば、正しい体軸ができた身体となる。

確認するためにも、ある程度ゆっくりと行うのが良いだろう）。その状態で首、背部、上肢から下肢まで全身の力を抜いて完全にリラックスする。西山師に指摘されると、抜いたつもりの力みがいかに抜け切れていないかを実感する。そこから上体を起こして前傾が保たれた状態で一旦止まる。行程としてはこれで完成である。

❺

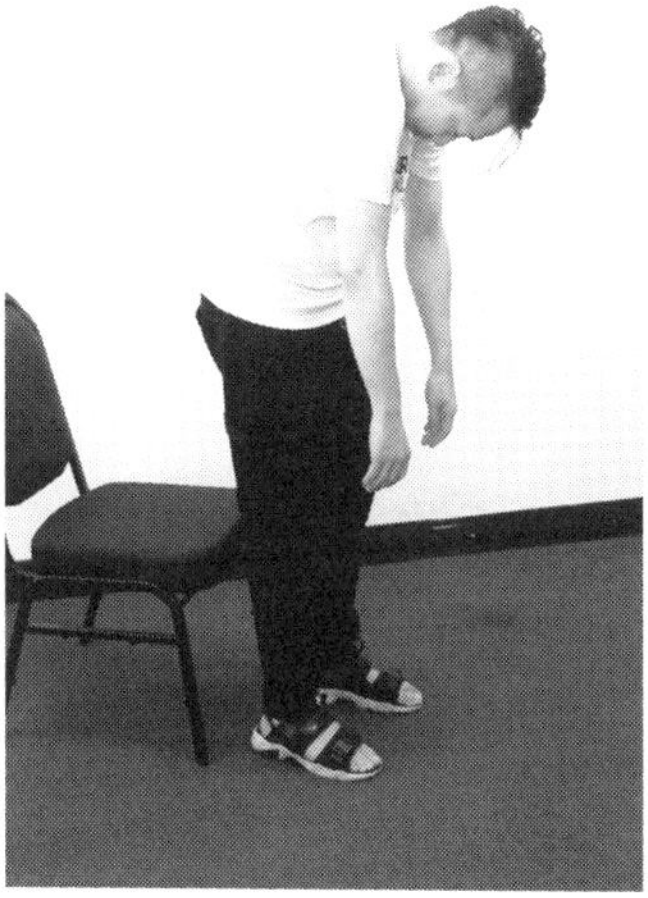

❻

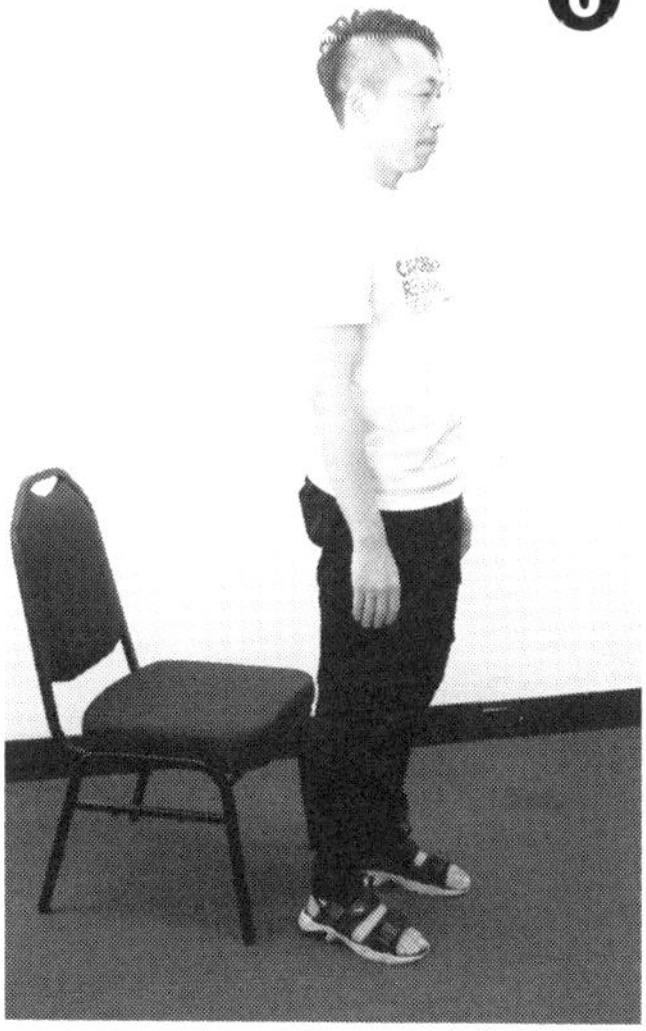

体軸が〝合う〟ことでアップする身体能力

再び通常の立位に戻り、前方から押されるとイス軸法前の状態とは違い、かなりの押し込みに耐えられる。正面からだけでなく身体を反った状態でも押し込みに耐えられるほどだ。体幹捻転状態や側屈状態でも強度は保たれている。

さらに右ストレートの体勢での押し込みに対しても反ったり、身体を丸めたりしても強度が落ちずに崩れない。そう、正に姿勢や体幹の力を集中して外力に抗するのではなく、自らの体軸に「合った」結果として身体能力がアップしていることがお分かりいただけただろうか。

しゃがみ状態から、上から押さえつけられつつ立ち上がったり、蹴り技を放つ時などにも重要な片足立ちでのバランス維持能力などにも顕著な違いが出ている。

個人差や感覚の違いは各々であるだろうが、記者の場合はイス軸法を使って体軸を整えると鳩尾の辺りに非常な充実感があり、横隔膜の辺りにも心地良さを感じる体感覚の変化があった。恐らくは日常意識しがちなのは脊柱を中心とした姿勢であったが、実際の人体は内臓や各種軟部組織を含んだ三次元構造だ。本来的な中心軸と脊柱とではズレが生じていたものが、イス軸法によって「合った」結果としてバランス能力その他が向上したのだろう。

非常にシンプルな動作で効果を上げられるイス軸法だが、記者のように即席で作って定着していない者の場合はジャンプやスクワットなどの動作で簡単に乱れてしまうことも分かった。西山師によると、さらに体軸定着のための奥深いメソッドが数々用意されているという。興味を持たれた方は実際に西山師の教えを乞うてはいかがだろうか。

イス軸法の効果

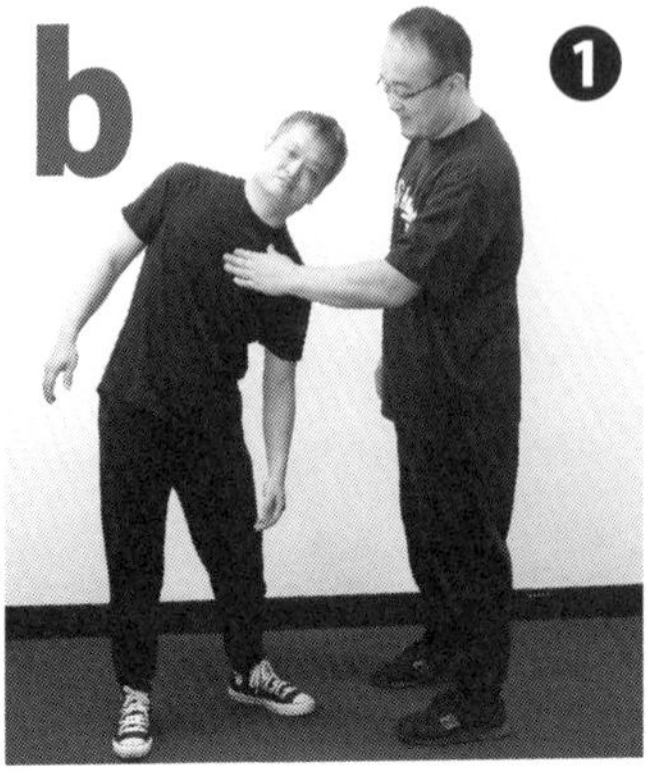

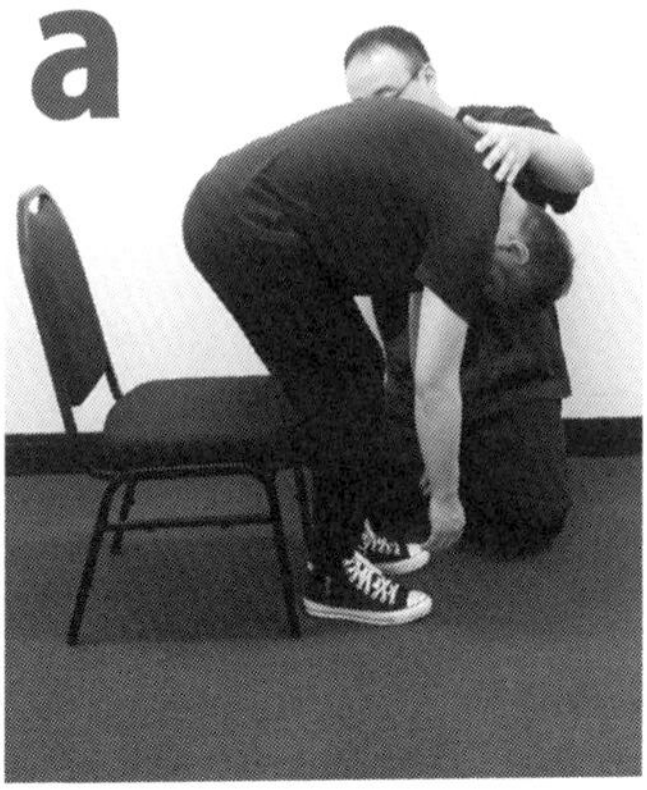

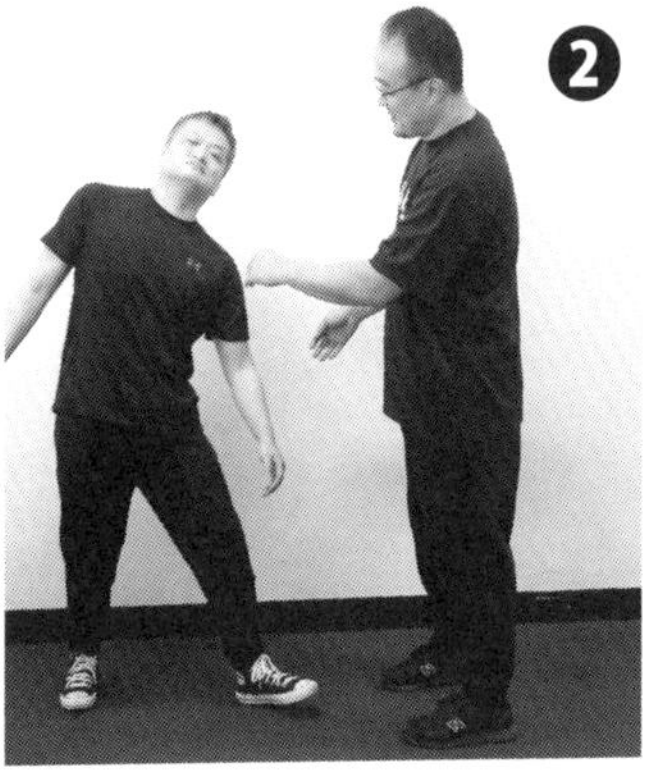

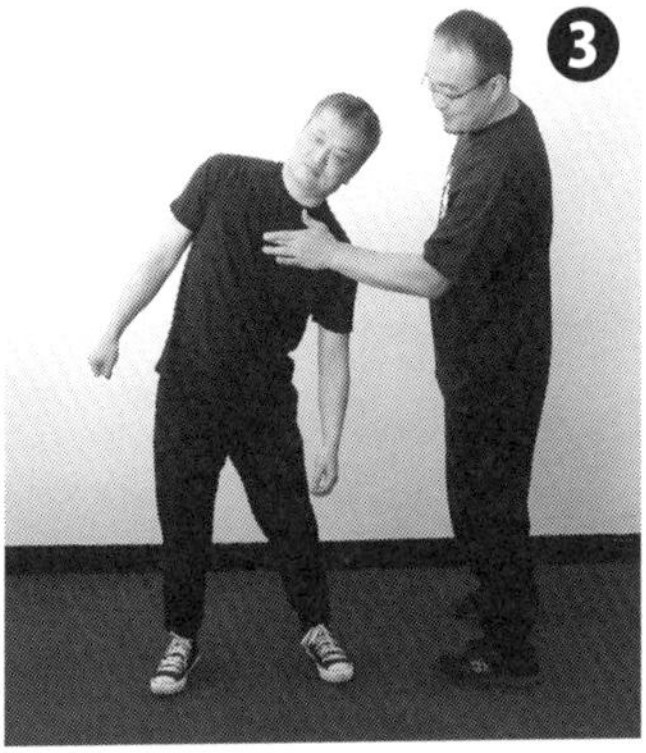

ⓐ記者も西山師に指示を受けながらイス軸法を実践。そして、その効果を体感した。取材では、イス軸法を行う前と後との身体の強さを、様々な姿勢で比較した。ここでは、その内の二つを紹介する。
ⓑ①イス軸法を行う前は、側屈状態で前から軽く押されるだけで、②大きく崩されたが、③行った後では同じ強さで押されても崩されない。
ⓒ①右ストレートを出して背中を反った体勢でも、②拳を押されると後ろへ崩されるが、③イス軸法を行った後は、より強い力で押し込んでも踏ん張ることができる。

C

❶

❷

❸

骨・筋肉主導の動きと体軸を用いた動き

❶

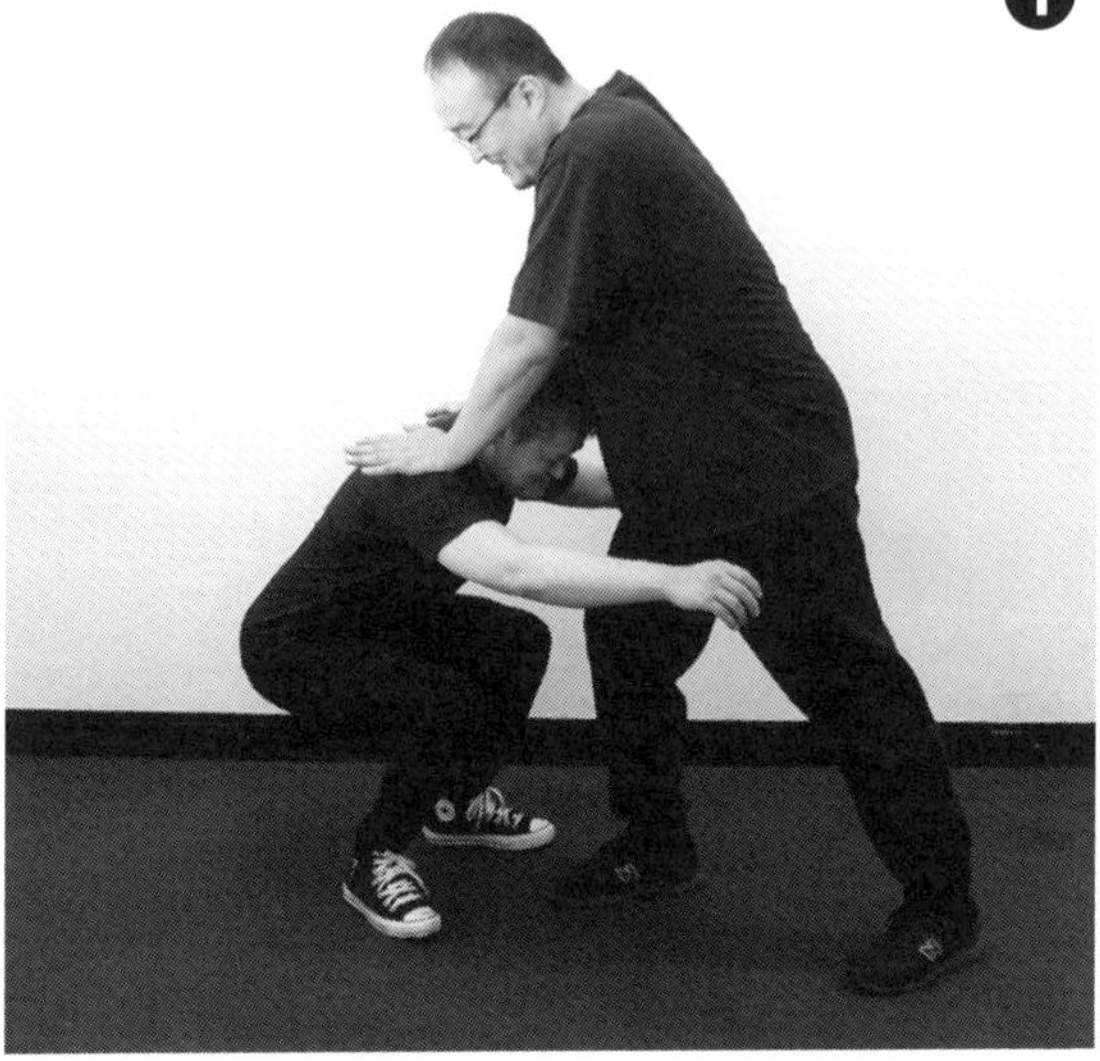

❸

❷

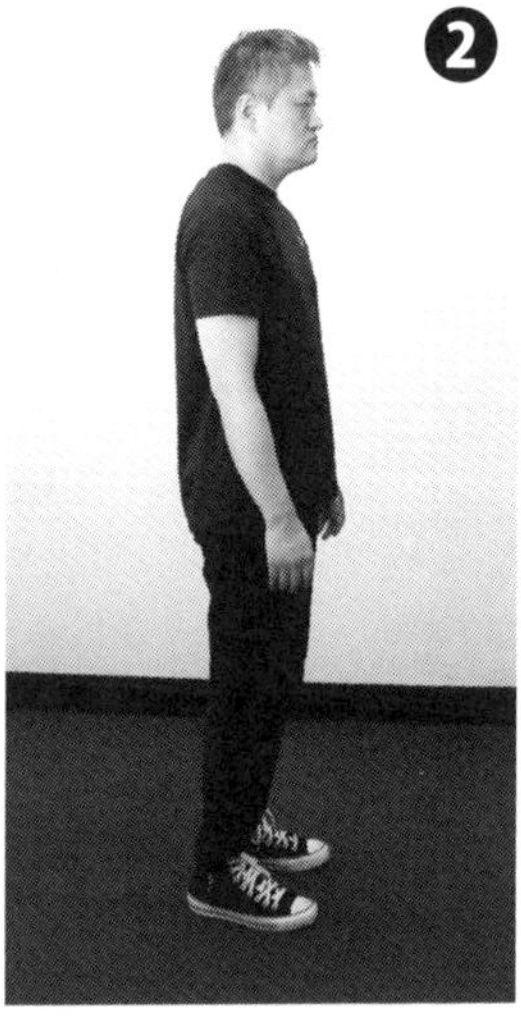

①しゃがんだ状態で両肩を上から押さえられると、きちんと体軸が形成されていなければ、押し返すことはできない。また、イス軸法などで正しく体軸を形成しても、しっかりと定着していない人の場合、スクワットやジャンプなどを行うと、体軸がなかった身体に戻ってしまいやすいという。しかし、「頭を後ろに引かないように気をつけながら、胸を1センチ前に出す。これだけで体軸が崩れにくいスクワット（②～③）ができるようになります」と西山師は言う。

体軸を形成した上で、前記のスクワットを行った後に、④上から両肩を押さえられても、⑤押し返して立ち上がることができる。西山師は以下のように解説する。「体軸ができていない人は、背骨を整えたり、または広背筋の力を使うなどして動こうとします。これだと、よほどパワーに差がなければ、しゃがんだところから押し返すことはできません。このスクワットは、体軸ができていなかった時のそういった身体の使い方が出ないようにするためのものです」

④

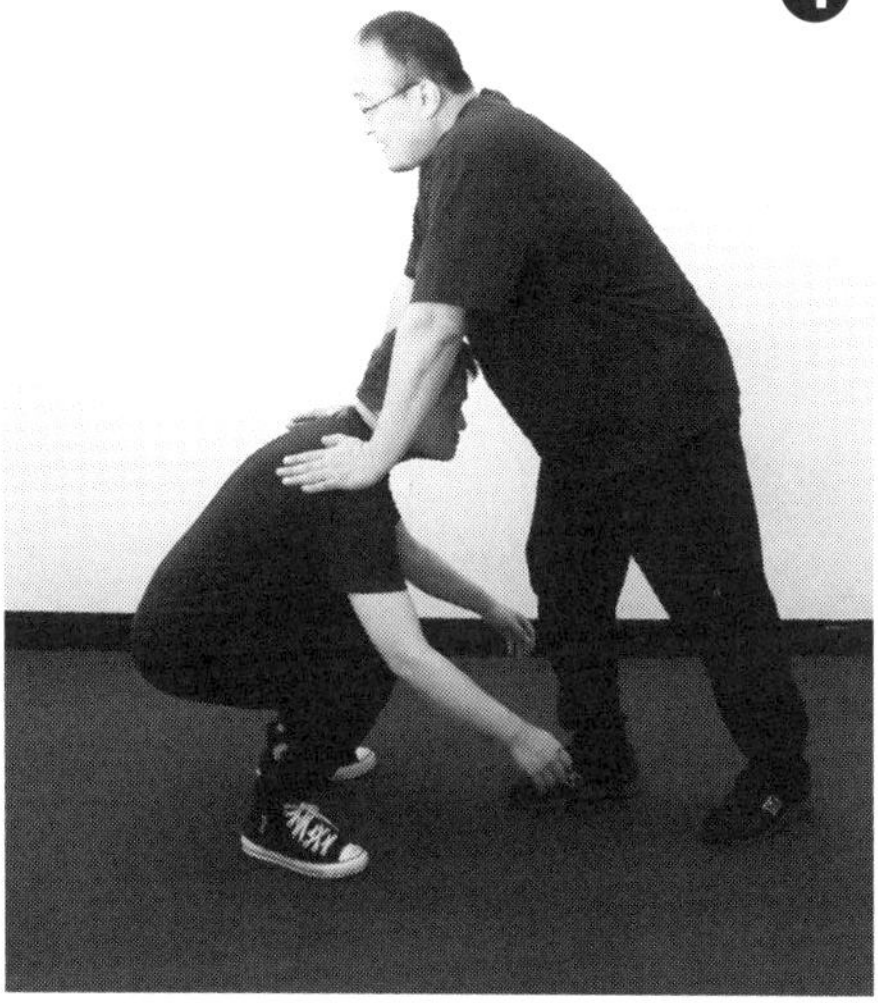

⑤

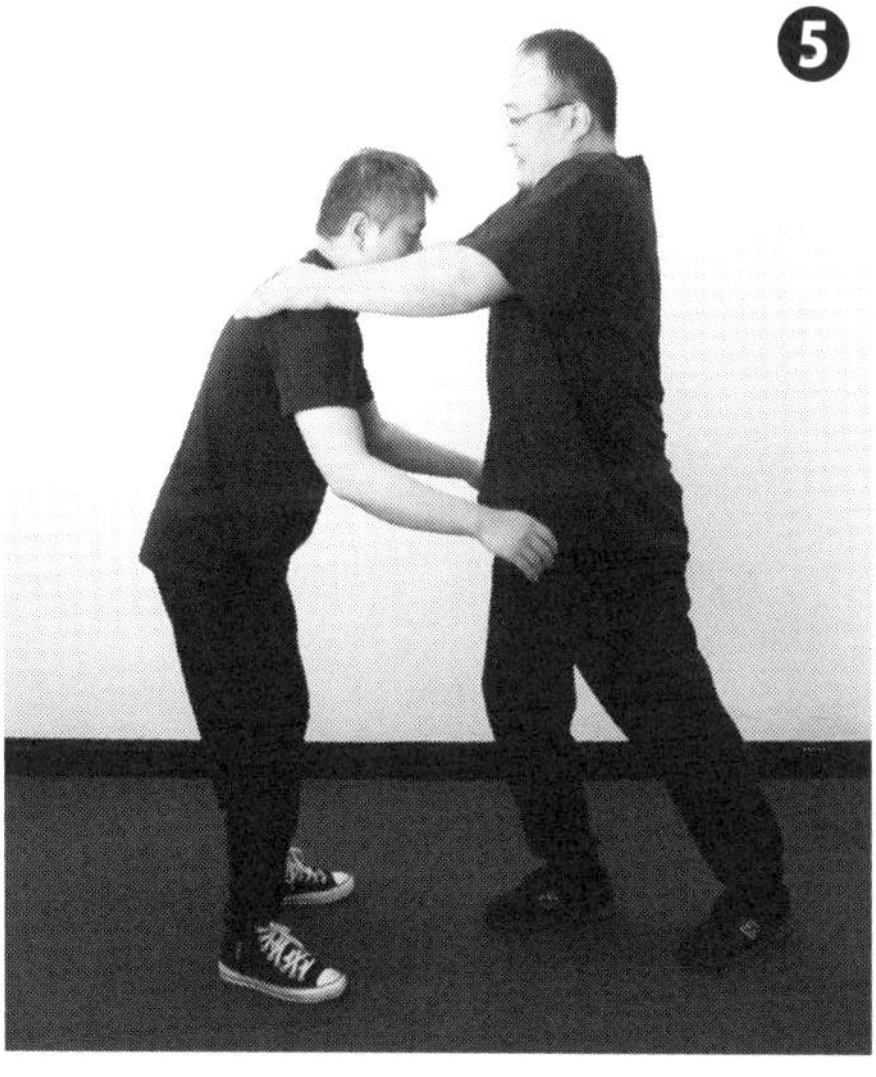

様々な姿勢でも、体軸に“合った”状態を保つことができる西山師は、身体を反らせながら拳を突き出した姿勢で、二人がかりの圧力で押されても、少しも後ろに下がることはない。

DATA

◎「イス軸法」ホームページ　https://isujikuho.com/
◎西山創 / イス軸法®チャンネル
https://www.youtube.com/channel/UC74GHh4GkKoTHzssH9vlp1w

第1部 体・軸・

PART 4

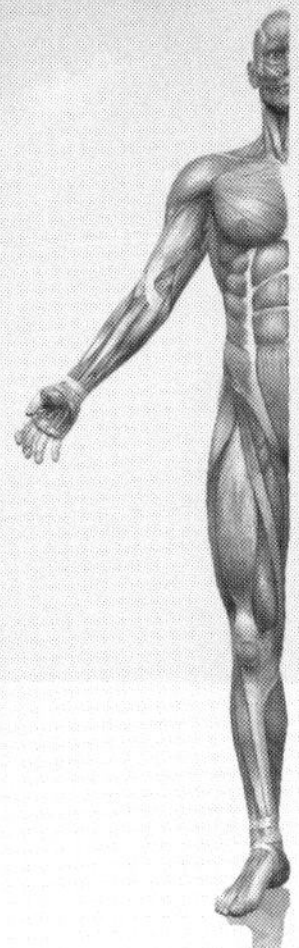

「体軸」は"できる"

取材協力◉びわこ成蹊スポーツ大学
取材・文◉本誌編集部

肩甲骨、股関節、足の指を働かせる全身が繋がる体づくり

高橋 佳三
びわこ成蹊スポーツ大学教授

Takahashi Keizo

1974年、福井県生まれ。びわこ成蹊スポーツ大学教授。筑波大学大学院博士課程人間総合科学研究科修了。専攻はスポーツバイオメカニクス。野球との関わりは深く、小学校2年次より大学3年次までは選手として、以後、現在にいたるまで指導者として携わる。2003年、桑田真澄投手（当時、読売ジャイアンツ所属）の復活の要因の一つに甲野善紀師の古武術があったことを知り、学び始める。以後、光岡英稔師より、韓氏意拳を学ぶ。

「体軸」は目的にあった動きの〝結果〟できるもの

「『体幹が締まっていた方がいい』ことと『軸をつくる』こととは別のこと、というのが私の考え方です。そこを混同してしまっている人が多くいるんじゃないかな」

「体軸」をテーマとした今回の取材において、「体軸とはどういうものだと考えていますか？」と質問すると、高橋佳三《けいぞう》先生はそう答えてくれた。そして、「体軸」についての考えをさらに次のように示した。

「体を動かす際、回転があるような動きだと結果的に軸が生まれるんですけど、それを軸をつくるために動くというと、たぶん間違う。軸をつくるために動いていいのは、フィギュアスケートとか、器械体操みたいに、本当にきれいに回らないといけないもの。

他の種目に関しては、目的にあった動きができているから、結果的に全ての軸が立って

一本歯の下駄の上に立つ感覚と地上に立つ感覚を感じる

スピードスケートの小平奈緒選手への指導も行ってきた高橋佳三先生は、一本歯の下駄を用いたトレーニングを紹介したこともある。ただ、体幹やバランス能力を鍛えるという目的で用いたことはないという。

「彼女には『この上に3分間立って、地上に降りたら、どう変わるかを感じてください』と、そういう話しかしていません。ぐらぐらするのを、バランスをとろうと意識してやるんじゃなくて、結果的にちゃんと立てる場所を探す。その立っている状態が消えないようにして、歩いたり、走ったり、ジャンプしたり、しゃがんで立ったり、いろんなことをして、地面にふっと降りると、勝手に体がバランスをとっているのがよく分かります」

いるように見えるということだと思うんです。動いて、その動きがすごく正確で、目的を果たすためにしっかりとした動きができているものが、美しく見える。軸を立てるように動こうとする、というのは違うと思うんです」

「体軸が通った動き」や「軸の立った動き」は目的とするものではなく、それはあくまで、目的にあった動きをした上での〝結果〟というのが、高橋先生の説くところだ。そして、目指すべきは、目的にあった動きをできるような体をつくること、と言う。その体をつくるための体の使い方については、あとで具体的に見ていこう。

スポーツバイオメカニクスの分野に進む

具体的な体の使い方を示す前に、高橋先生のプロフィールを簡単に紹介しておこう。

学生時代はずっと野球をしていて、筑波大学に進学後も野球部に在籍し、ポジションはピッチャーだったそうだ。のちに高橋先生はスポーツバイオメカニクスの分野に進むわけだが、その分野に興味を持つきっかけは、自身の球速を上げようと努力した経験にあったという。

「先輩たちや同級生にも140キロを超える球を投げる人がいっぱいいて、球速を上げないと話にならないと思って、最初ウェイトトレーニングをすごくやりました。筋力的にはそうとうあった方なんですけど、ボールは速くならない。それで、速い球を投げるには、力じゃなくて技術が大事じゃないかということを考えるようになりました。

2年生の1学期の授業にバイオメカニクスというのがあったので、それを受講したら、ものすごく面白くて。これを勉強したら、投げ方がちゃんと分かって、球が速くなるんじゃないかなと思いました」

大学でその分野を学ぶほどに、より詳しく学んでいきたいという思いが強くなり、大学院に進み、研究を深めていくこととなる。そして、2006年から、滋賀県大津市のびわこ成蹊スポーツ大学で指導者、教員として籍を置き、現在は同大学の教授として指導に当たっている。

甲野善紀師との出会い

大学のホームページにある教員紹介のページを見てみると、高橋先生の専門分野の欄には、「スポーツバイオメカニクス」と並んで「古武術」とある。高橋先生の経歴において、スポーツバイオメカニクスと並ぶほど欠かすことのできない要素となる古武術だが、その始まりは、あるきっかけで甲野善紀師を知ったことによる。

「2002年に、当時ジャイアンツにいた桑田真澄さんが最優秀防御率賞を取ったんですけど、その理由の一つに古武術というのがあると聞いたんです」

怪我などもあり、数年間成績が低迷していた桑田投手は、甲野師に師事し、古武術を応用した動きをピッチングに取り入れ、見事に復活する。そして、そのニュースを見た当時大学院生だった高橋青年は「この人から学びたい」と思い、すぐに実行に移したという。初めて甲野師の講習会に訪れたのが、２００３年1月9日。今もはっきりと日付を憶えているほど、その日は高橋先生の人生にとって大きな意味を持つ日となった。科学的な検証を論理的に示すバイオメカニクスの研究者であったため、「甲野先生と出会っていなかったら、むしろ古武術を懐疑的に見て、バカにする人間になったかもしれない」と言う。

その後は、当時、甲野師が2週に1回講習会を開催していた恵比寿に筑波から毎回通い続けた。

「そうしているうちに、甲野先生も私のことを覚えてくださって、松聲館《しょうせいかん》（甲野師主宰の道場）に呼んでいただけるようになりました」

現在の研究や指導にも、古武術から得た感覚や知識はもちろん活かされているが、そのアウトプットの仕方には少しずつ変化が出てきたという。

「古武術を始めたころは、やっぱりスポーツ畑の考えが抜けなくて、古武術の動きをどう応用するかということばかり考えていたんです。それもすごく面白かったんですけど、あるころから、自分が話していることや自分の動きなどが、どこからどこまでが古武術か、私自身が分かんなくなってきて。結局、根本的に全部変わるんだな、という思いになって、それからは応用という考えを捨てて、それまで勉強したことをそのまま伝えようという感じになりました」

目的にあった動きができる体をつくるために必要なこと

ここからは、前述した「目指すべきは、目的にあった動きをできるような体をつくること」について、高橋先生の解説を紹介していく。まず最初にするべきことは、「体のいろんなところを動かせるようにすること」と高橋先生は言う。

「体の可能性を最大限に広げておかないと、そのあと何をしても、働いたり働かなかったりする体になってしまう。何をするにも、まずはいろんなところを動かせるようにするための作業をしないといけない。その次に『働かせるようにする』に進みます」

それが、スポーツや武道において、最高のパフォーマンスを発揮する「〝硬くできて柔らかく動かせる体〟になるのに必要なこと」と高橋先生。「柔らかく、ものすごく動く体幹にしておいて、必要な時にギュッと締められる」のが理想だ。

その上で、現代社会に住む人たちの身体的問題点を、以下の3つの部位が動いていないことと指摘する。

「現代人と言われる人たちの多くが、肩甲骨と股関節が動いていないので、体幹がちゃんと働かない。もう一つ付け加えると、足の指が動いていないから、足がちゃんと機能しない」

だから、講習会などでは、特に肩甲骨と股関節を動かすことの重要性について参加者に伝えているという。ここでは、肩甲骨、股関節をしっかりと動かせるようにするトレーニングと、股関節や足の指を働かすことができているかを確認する方法を紹介する。

◉肩甲骨

肩甲骨については、まずは上下、前後に動かすトレーニングを示してもらった（59頁写真）。

「肩甲骨は、上下と前後の動きがしっかりできると、たとえば突きにしても、威力のある突きを出す動きになる。体にちゃんとそういう働きが生まれるんです。ここが動かないと、いくら大きな反動をつけても威力は出ません」

続いて、肩甲骨とお尻と足の指、つまり体全体が繋がった状態のまま動くトレーニングとなる腕立て伏せのやり方を解説。筋力トレーニングとして、多くの人が取り組んでいるであろう腕立て伏せの注意点を示してもらった（60頁写真）。

◉股関節

講習会などで「股関節の場所はどこだと思うか？」と聞くと、腰の側面を指す人がかなりの割合いるというが、正しくは鼠蹊部《そけいぶ》側にある。

肩甲骨を前後・上下に動かす

❶
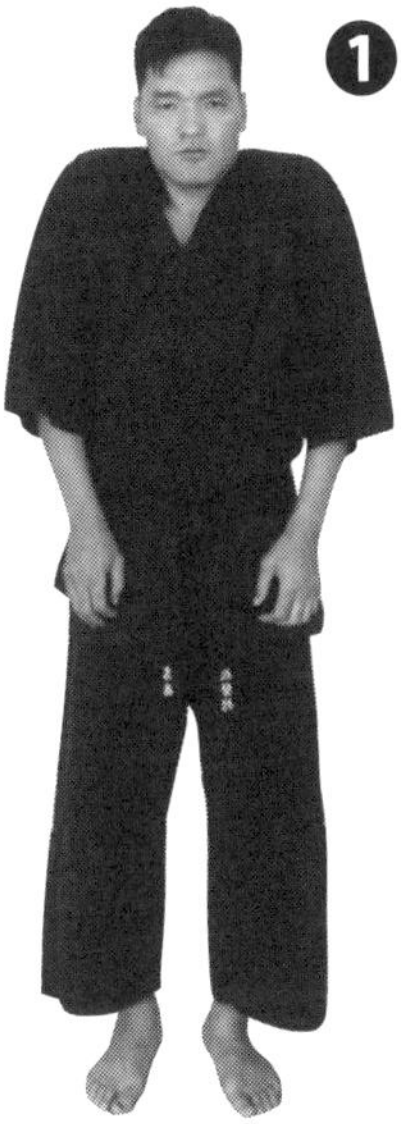

❷
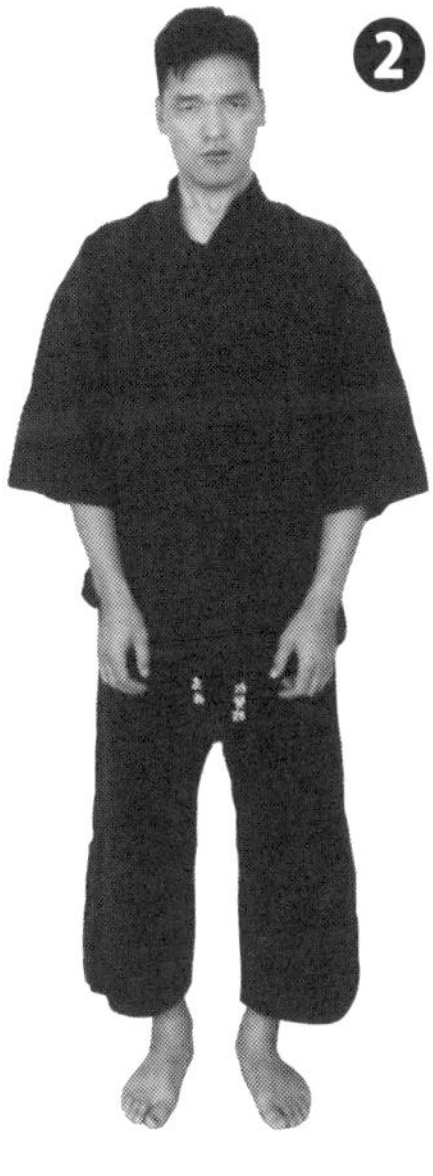

❸

❹

①～②肩甲骨を上下に動かす、③～④前後に動かす動きを、日々行うことで、スポーツや武道の練習や稽古の動きにおいても、しっかりと肩甲骨が働く動きになる。その際、肩の上部だけを動かしがちだが、肩甲骨も上下、前後にしっかりと動かすことを意識して行うこと。また、現代社会に住む多くの人にとって、肩甲骨の上下の動きにおいては、上げることより下げることの方が難しいので、しっかりと肩、肩甲骨を下げきるように注意する。

全身が繋がった状態での腕立て伏せ

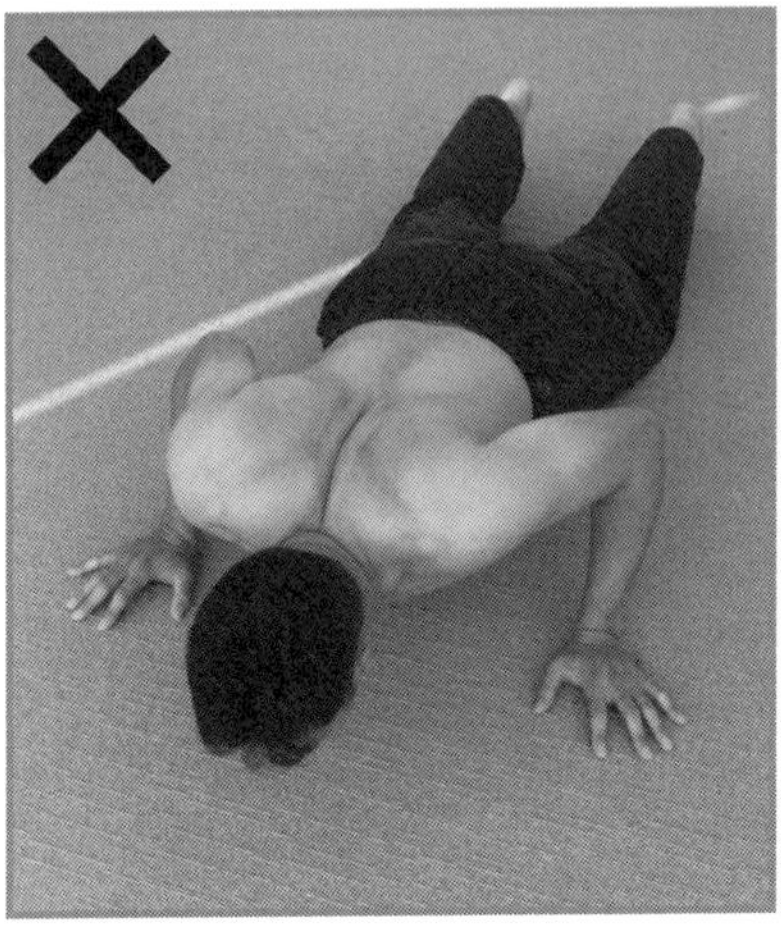

①〜②手をつく前に、肩甲骨を下げ、股関節を立て、足の指が利いている状態（66頁で解説）にする。その状態が消えないように、そっと手をつき、腕を上げ下ろしする。肩甲骨とお尻と足の指が繋がった状態のままの腕立て伏せになるので、体幹を働かせて動くトレーニングになる。
注意点としては、肩甲骨が真ん中に寄ったり（×写真）、頭の方だけ下ろしたり、逆に腰の方だけ落ちてしまったりしないようにすること。

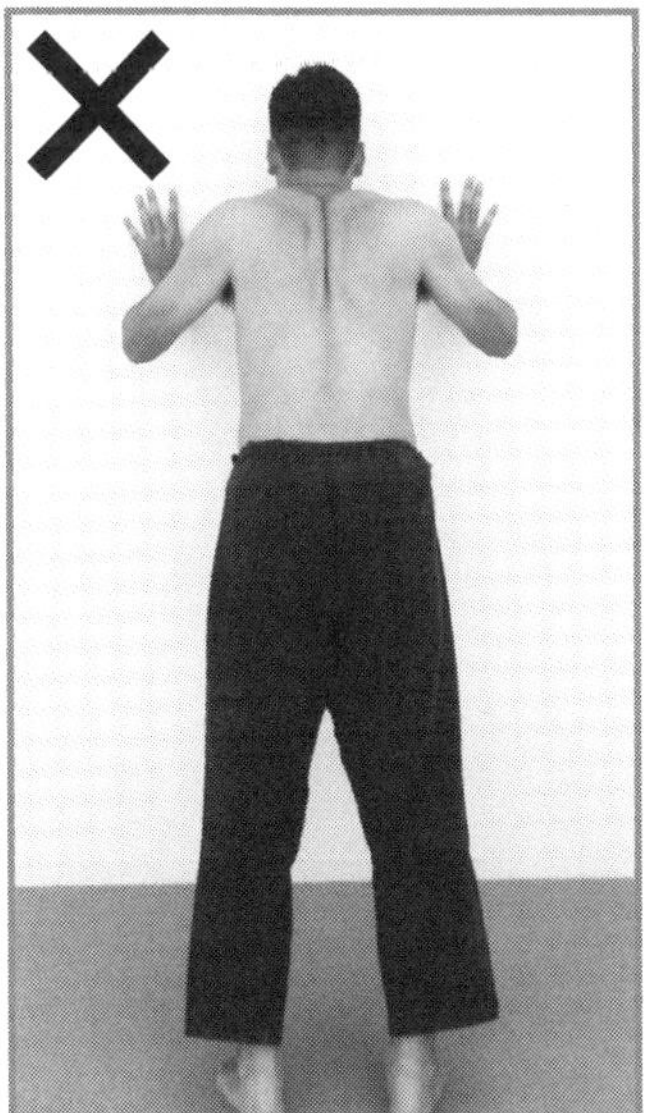

床に手をついての腕立て伏せが難しい場合は、③〜④最初は立ったまま壁に手をついて行ってもよい。同じように、肩甲骨、股関節、足の指が繋がった状態のままで行う。
この場合も、肩甲骨が寄ってしまう（× 写真）ことのないように注意する。

股関節と足の指が動くようになるスクワット

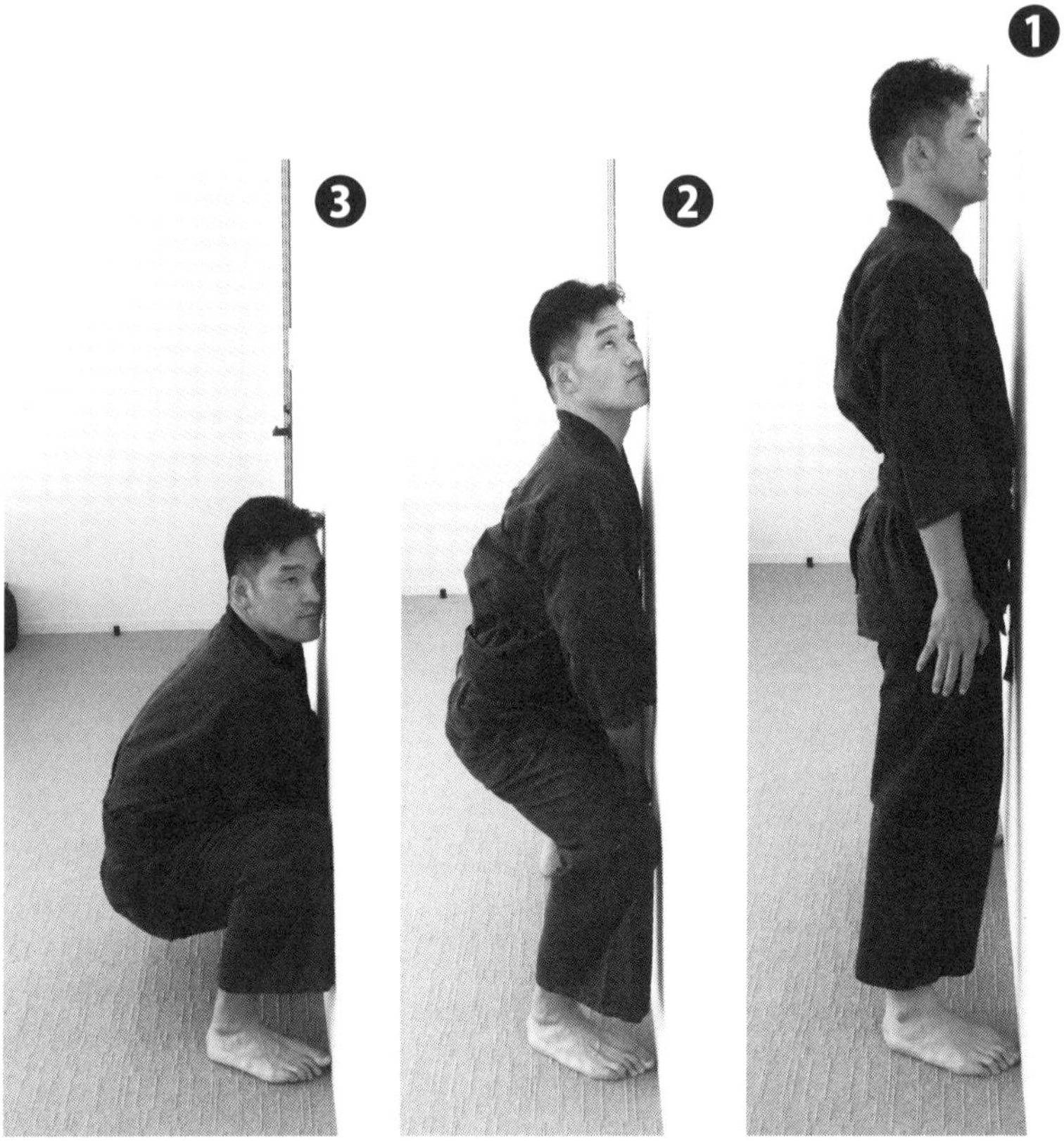

壁にっぴたりとくっつくようにしてスクワットをする。足の幅は、しゃがみこんだ時（③／③'は別角度から）に無理なくしゃがめるようにとる。膝が内側に入ると、腰がだんだん後ろに反っていって倒れてしまうので、①〜③膝が開いていくようにしてしゃがみ、④〜⑤同じく立ち上がる時も膝を開くようにして行う。膝が開く時に、自然と足の小指側にしっかりと力が入るので、足の小指と股関節、お尻が繋がった状態でのスクワットになる。

❺

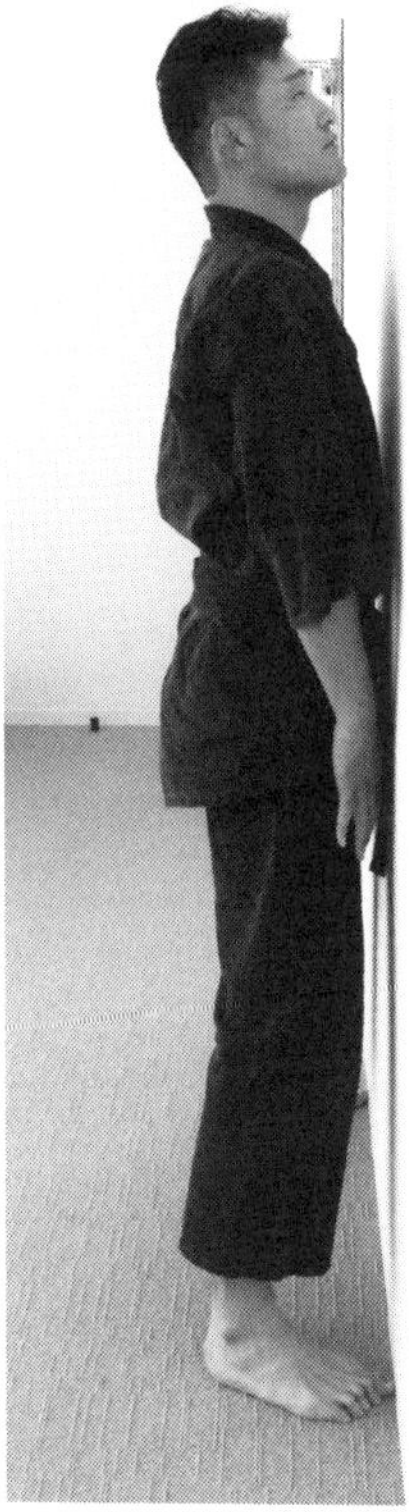

❹

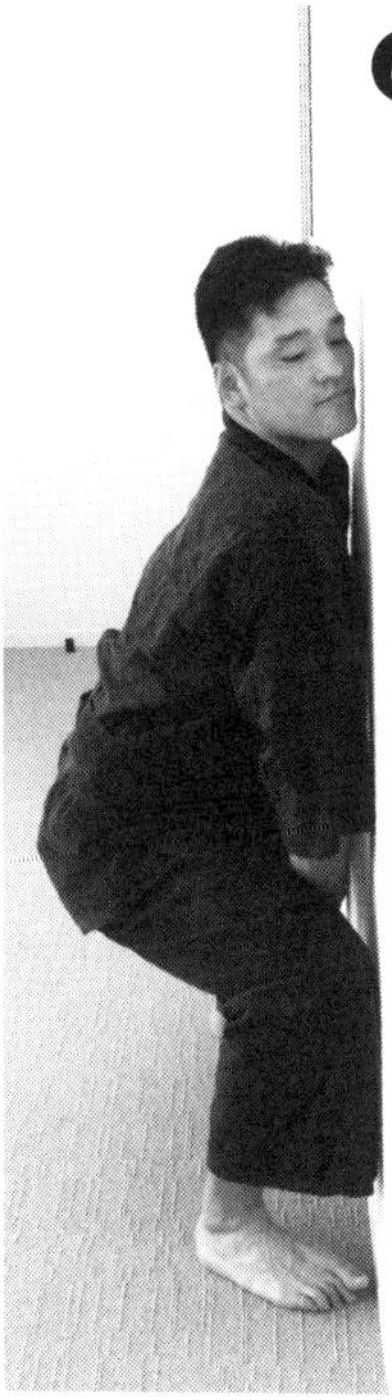

❸′

地面に向かってパンチする意識で踏ん張る

①相手に手首を持たれた状態から、持ち上げられないように力を入れても、②踏ん張りきれずに持ち上げられてしまう。③しかし、地面に向かってパンチする意識でいると、持ち上げられず踏ん張ることができる。これは、「地面にパンチするために働かないといけない全ての部分が勝手に働く」ためであるという。「足も参加しないと、パンチはできませんから、足も重くなります」と高橋先生。

膝を前に出さずに&足の小指側に力を入れて踏ん張る

①中腰で、膝が前に出ている状態で踏ん張ろうとしても、横から押されると、②踏ん張ることができない。③しかし、膝を足より前に出ないようにすると、横から押されても踏ん張ることができる。「膝に体をぶら下げると、膝は縦にしか動けないから、横からの力には全く弱い。膝を前に出さないと、お尻で体を支える状態になるので、強い体勢になる」という。また、同じ状態で、足の親指側に力を入れて踏ん張ろうとしても、踏ん張ることができないが、小指側に力を入れると、踏ん張ることができる。「親指側に力を入れると、足の機能が損なわれて、力が出ない。逆に外側に力が張っていると、お尻にしっかりと力が入る」からだという。

「そういう人は、前屈する際も腰を曲げてしまい、股関節が動かない。そうなると、足が全然働きません」

だから、「股関節の場所をちゃんと把握して、そこを動かす練習が必要」だという。

「股関節を動かすということは、お尻を動かすことに繋がります。お尻をちゃんと動かせると、結果的に体軸が立ったまま動ける。お尻から上が、お尻の動きに全部従うので、体幹がちゃんと機能します。そうすると、腰も悪くならないし、大きい力も出せるようになるんです」

◉足の指

足の指については、小指側に力が入っていることの重要性を、やはり体の繋がりという観点から解説してもらった。

「足の指は親指の方に力が入っていると、足の機能が働かない。逆に小指の方に力が入っていて、テントを張ったみたいに外側に開いていると、お尻にちゃんと力が入るんです。そうすると、体の回転の力もうまく上半身に伝わっていくし、上や横からの力にも強い」

サンチン

足の向き

肩の位置

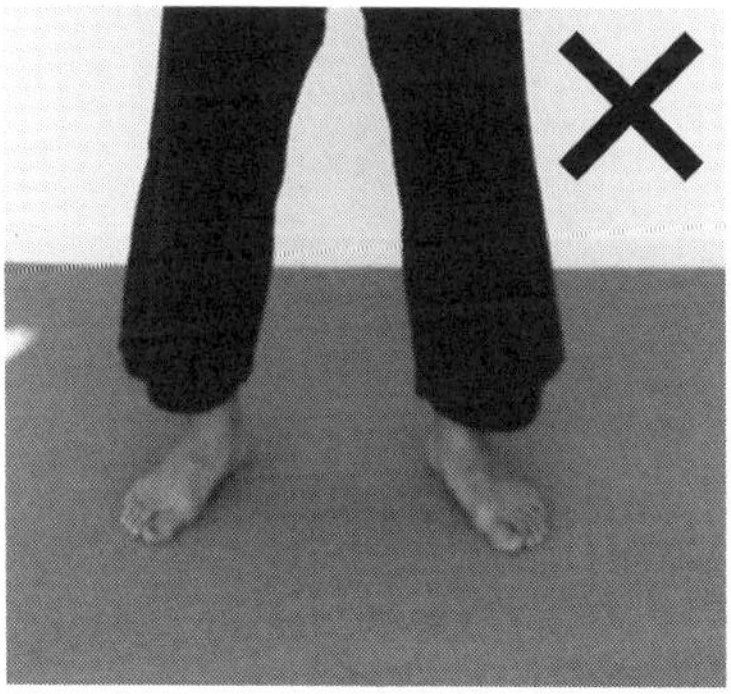

高橋先生は、体の繋がりが生まれる動きの一例として空手のサンチンをあげ、次のように解説した。
「肩甲骨が下がっていて、脇腹が働くようになっている。だからこそ、この形からの突きは、とても大きな威力が出る。肩が上がってしまうと、体の繋がりが生まれずに、威力も出ません。そして、私は空手の専門ではないので私見ですが、足が内に向いているからこそ、中の力は最大限外に開いていられると思うんです。サンチンってすごいなと思います」

そして、高橋先生は、足の小指側に力が入ることで体の繋がりが生まれるという、この作用を表しているものとして、空手のサンチンをあげた（67頁写真）。「サンチンはすごい」という言葉は、この型の動きが、まさに高橋先生が言う「体のいろんな部分を動かせるようにする」ものだからだろう。サンチンに限らず、武道・武術の型を正しい動きで練ることは、そういった働きを生み出すことなのだと再認識させてもらった。

高橋先生は、軸をつくる、あるいは、軸がぶれない動きをするには、「それぞれの競技の動きを数多く練習するしかない」と言う。ただ、〝結果的〟に「軸が通った動き」ができる体をつくるのに必要なことはある。肩甲骨や股関節をしっかりと動かせて、足の指が利いていることが、それを可能にする必要条件になる。

逆に言えば、そういう体をつくり、その体で目的にあった動きをすると、必然的に体軸が通っている動きになる、ということだ。そのことを理解した上で、まずはここで紹介したトレーニングに、取り組んでみてほしい。

肩甲骨、股関節、足の指が連動し、全身が繋がった状態での突きは、大きな威力を生む。

DATA

◉びわこ成蹊スポーツ大学　https://biwako-seikei.jp/

第1部

体・軸・

PART 5

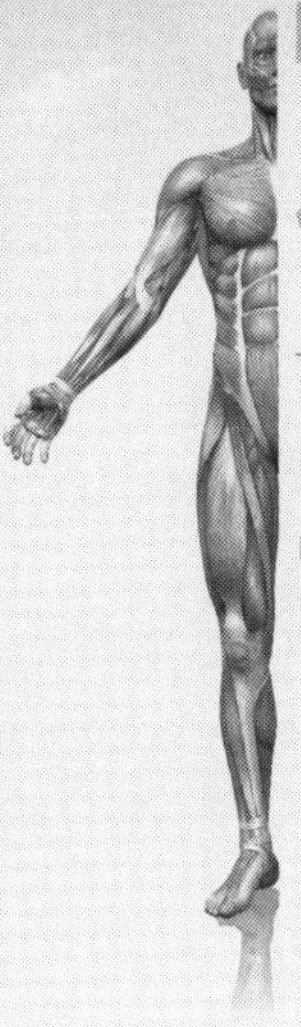

体軸筋と軸意識

取材・文◎加藤 聡史

高橋 龍三
体軸コンディショニングスクール校長

Takahashi Ryuzo

体軸コンディショニングスクール校長。学生時代より運動科学を学び、大手スポーツクラブのスポーツインストラクターなどを経て、施術家の道へ。中国式整体、美容矯正、美容整形療術、リフレクソロジー、経絡、振動、波動、身体意識など、様々な知識を深める。「体軸」を医療やリハビリテーションに取り入れ、講演などの普及活動をしている。プロスポーツ選手のパフォーマンスアップ、障害改善など、仕事は多岐にわたる。

競技者からボディーワーカーとして教える立場に

今回、お話を伺いに訪れたのは、体軸コンディショニングスクールを運営する高橋龍三氏だ。体軸コンディショニングスクールには、ヨガインストラクターや整体師や鍼灸師、セラピストなど多くの専門家たちが治療における根本原理を求め、高橋氏の教えを乞いに訪れている。

高橋氏は高校時代に始めた少林寺拳法を皮切りに、極真空手、キックボクシングと選手生活を経験してきた。「チャンピオンになりたかった」と語る高橋氏。

その探究心は留まるところを知らず、ヨガや中国武術などの研究も経て、その実力を更にステップアップさせるために、運動科学総合研究所の高岡英夫師に師事した。その後、競技を行うことより、整体や身体論の講義を通じて人にものを教える方が自分に向いていると感じた高橋氏は、ボディワーカーとして活躍の場を広げていくこととなった。

高岡英夫師の理論を背景に前提となる筋肉に働きかける

そんな高橋氏だが、直接薫陶を受けた高岡師に対し、「高岡先生のことはとてもリスペクトしています」と語る通り、やはり高橋氏の理論的な背景となっているのは「高岡理論」であるという。

体軸と一言で言っても、その概念・定義などは、それを提唱する多くの先生方の間でも様々にあり、一様ではない。その辺りを高橋氏に確認すると、「私は、体軸は高岡先生の仰る通り、体性感覚であると捉えます」と答えた。

高岡理論をご存知ない読者もいると思うので少し補足すると、「体軸」を解剖学的実体としての構造上の軸として捉えるのではなく、人体に存在する皮膚感覚や深部感覚などをトータルに捉え、そこに軸状に形成されているのが、高岡理論で言うところの「軸とは体性感覚である」という概念である。

高橋氏は「その軸状の意識を作るために、その前提条件となる筋肉が促通（※註）されれば、その感覚を捉えやすい」と語る。スクールでは、実験を繰り返し、どの部分の筋肉を促通させれば軸状の意識が形成されるのかといったことを把握して、定義づけしているそうだ。

一例として高橋氏が取り上げたのが、武道でよく言われる「脇を締める」ことである。一般によく口にはされるが、具体的な動作として説明するのは案外難しい。大胸筋や小胸筋を緊張させるのか？　肩甲下筋を使って上腕骨を内旋させるのか？　否、それらではまともにパンチなど打つことは出来ないし、組み合っても崩されまくってしまう。そもそもが形の上だけの脇締めに捉われること自体、意味がない。形の上での脇締めに拘れば、じゃあフックは打てないのかとなるが、そんなはずはない。

高橋氏の注目したのは前鋸筋だ。

「初歩の段階では、前鋸筋を利かせる感覚を覚えるために脇を締める動作は必要ですが、前鋸筋が利くようになれば、強いフックも打てますよ」

そう、別に武道や格闘技で嘘を教えている訳でもないのだが、全く心得のない人に身体操法のコツを含んだ動作を教えるというのは、一つのジレンマである。というよりも、武

前鋸筋を利かせる

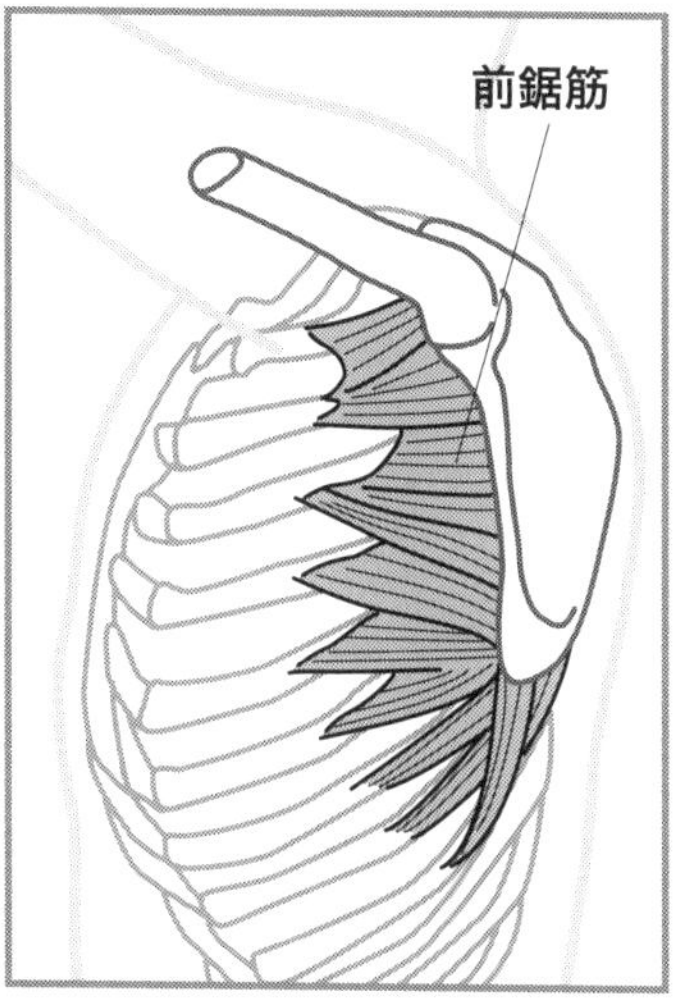

体性感覚である「軸」の意識を作るためには、「その前提条件となる筋肉が促通されれば、その感覚を捉えやすい」と高橋氏は言う。どの部分の筋肉を促通させれば、軸状の意識が形成されるかについて、数多くの実験を繰り返す中で把握してきた。前鋸筋も、高橋氏たちが「体軸筋」と定義する筋肉の一つである。それらの体軸筋を繋げていくことで、軸状の意識が作られていく。

道の教授そのものが大きなジレンマの塊のようなもので、その結果が「脇を締めろ、顎を引け」といった、ざっくりとは間違っていないけれども、よく考えるとおかしなところが多いアドバイスに収斂されていくのだ。

高橋氏のメソッドは、そのような武道やスポーツのアドバイスの袋小路に迷い込んだ人々にとって、救いの一手となるものだ。

「全身には今、例に挙げた前鋸筋のような筋肉が多くあり、我々が体軸筋と呼ぶそれらをどう繋げるのかが問題で、それらを繋げていくと軸状のものになっていきます」

※注：促通＝神経系または神経筋の接合部に複数の刺激を加えると、その効果が単独の刺激の効果の和よりも大きくなる現象。

分散加算＝体軸の通っている状態

また、武道での身体の使い方を考える時、筋肉の連動のみになってはいけないと、高橋氏は言う。つまり、パンチを打つ時、下肢から、腰、体幹を繋げて上肢の拳へとパワーを連結させていく。勿論、これは正しいが、現実の格闘においては、パンチを打つと同時に相手の突き蹴りを防いだり躱したりといった動きが出てくる。相手の側も同様だ。闘争の中には互いの攻防が時間的に重なり合う点が無数に存在する。

強いパンチの打ち方にばかり拘泥していては、やられてしまう。だが、高橋氏が体軸筋と呼ぶ一群の筋肉を使うことが出来れば、攻撃と防御、或いはその他の動作を分割して行うことが出来るようになるという。

「このことを高岡先生は分立的統合という言い方をされました」と高橋氏。高橋氏が高岡師から教わった理論によると、単に足先からパワーを伝えてパンチするような動作は加算動作。次いで、ドラムを叩いたりするような同時並列的に動くことを分散と言う。武道に理想的なのは分散加算。加算をすれば、威力を出せて、威力を出しつつ分散も出来る状態。それこそが〝体軸の通っている状態〟であると言うのだ。

「私はその状態を筋骨格、生理学に基づいて説明しようと考えています」と高橋氏は語る。高岡師から学んだ身体意識の理論的な部分があったればこそ、解剖学的・生理学的なところに落とし込むことが出来たそうだ。

スイッチを押すことで体軸筋を促通させる

実際に様々なボディワークを紹介していく前に、高橋氏はそれらの体軸筋に対してどのような方法でアプローチを掛けるのかを聞いた。高橋氏によれば、人体には当該筋肉を促通させるためのスイッチがあり、その場所は各筋肉の交差する場所にあるという。そのスイッチを押すことで体軸筋が促通されるのだ。

人間が動作する時、必ず優位になる筋肉と劣位になる筋肉が存在する。「突こうとする時、三角筋が優位では不味いですよね」と高橋氏。確かに、それでは全く伸びが出ないだろう。前鋸筋が主動して、三角筋は補助的に働くことで強い突きが生まれるのだと高橋氏は説明する。

「分かりやすく言えば、優位に立つべきはインナーマッスル群、劣位になるべきはアウターマッスル群です」

体軸がずれた状態というのは、アウターマッスル群が優位になってしまっている状態なのだ。

◉向かい合っての両手押し

合気上げ、或いは今回紹介する平行立ちで向かい合っての両手押しは、体軸形成の練習として非常に重要であると高橋氏は言う。どちらも力をぶつけてこちらの動きを妨げようとする相手に対し、力を入れる筋肉、抜く筋肉を分けて動かしていかなければならない。これは正に分散加算だ。

更に、支点をどんどん動かして上げていかなければならないが、これを高岡師は「支点揺動」と呼んだ。実際に上肢を伸ばして平行立ちする相手に、こちらは肘を曲げて手を合わせ正対して押すと、通常は自分の身体は後ろに持っていかれるだけだ。

しかし、三角筋の力を抜き前鋸筋を利かせ、更に腰の反りを防ぐために鼠蹊部《そけいぶ》から大腰筋などを意識して働かせてやると、手を突っ張った相手を容易に押し返すことが出来る。全身に軸の通った感覚を感じることの出来るワークなので、実際に相手を用意出来る人は是非やってみて欲しい。

向かい合っての両手押し

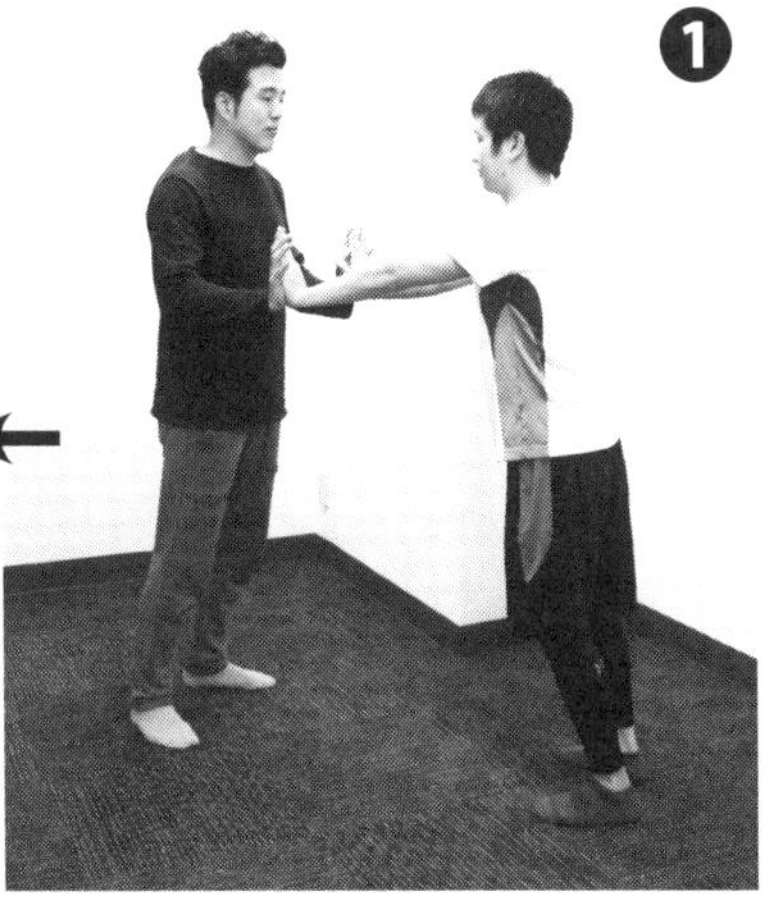

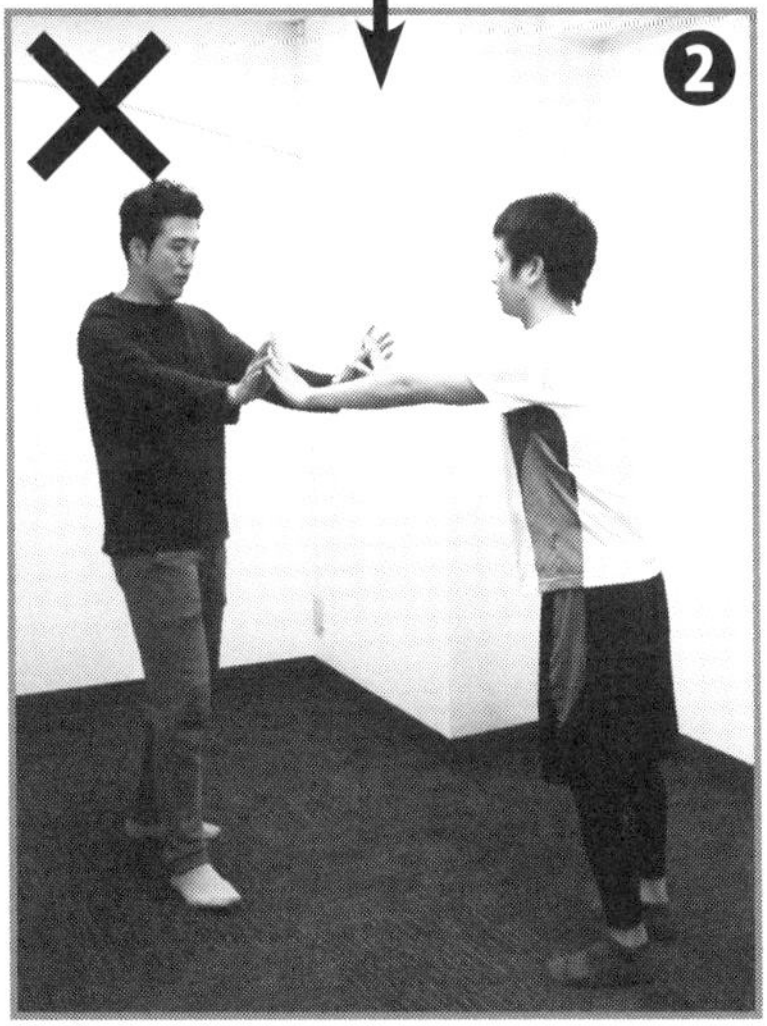

①平行立ちして立っている相手（写真右）の伸ばした腕に、肘を曲げて手を合わせる。②筋力で押しこもうとすると、体の前面が全体的に固まってしまい、自分が押した力が返ってきて後ろに押されてしまう。③それに対して、体軸筋を促通させ、つまり、三角筋の力を抜き前鋸筋を利かせ、また腰の反りを防ぐために鼠蹊部から大腰筋などを働かせることを意識して押すと、相手を押し込むことができる。これは、筋肉の分散加算、支点揺動を用いた動きと言える。

「崩し」に強くなるワーク・腰痛を改善させるワーク

◉「崩し」への対応

次に、柔道など組技系において重要になる「崩し」に強くなるワークだ。組技の素養がない人だと、身体を鍛え込んだ人でも首や上肢帯を掴まれ、煽《あお》られると前方や左右に上体が崩れを起こす。足腰の強さの重要性は巷間よく言われるが、組み合い状態から腰だけが強くても、上体の崩れから結局は投げられてしまうだろう。

しかし、脇のクロスポイントと鎖骨に沿ってのラインを刺激し促通をさせると、上体の崩れが最小限になり、逆に崩そうと試みて態勢の崩れた相手を投げ返したりといったことも可能になる。

この脇から鎖骨のラインの体軸筋群は片手取りからの合気下げなどを行う際にも応用出

「崩し」への対応

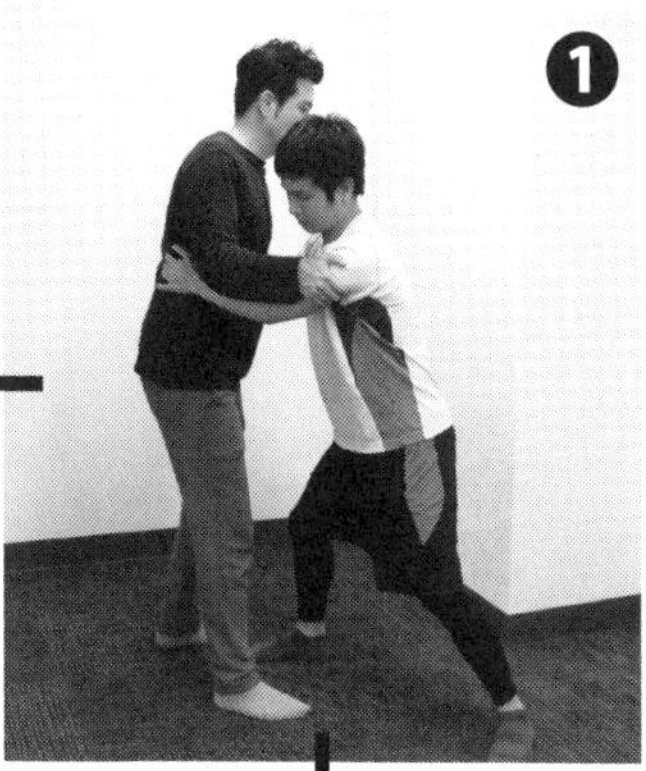

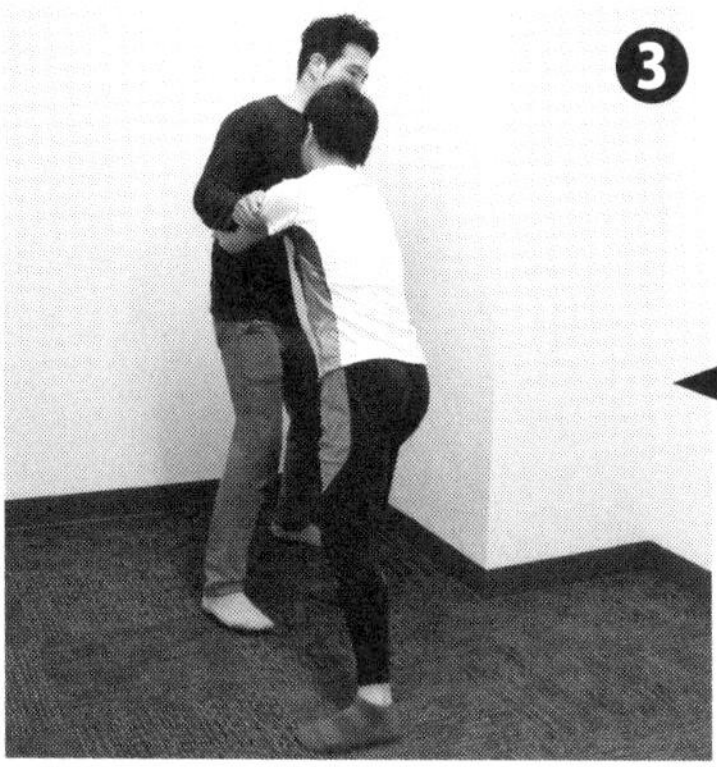

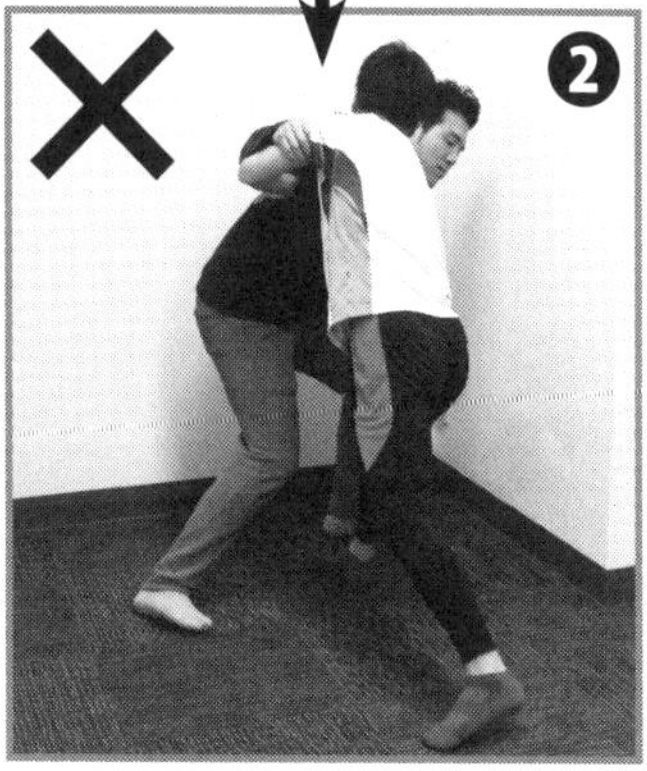

①組み合った状態で、②相手より足腰が強い場合でも、上体を崩されてしまうと、そこから体全体が崩されることに繋がってしまう。③それに対して、脇のクロスポイント（④の指で押さえている部分）と、鎖骨に沿ったラインを刺激し促通させた上で、その部分を意識して、崩しに対応すると、上体の崩れが最小限に抑えられ、崩されにくい。
この脇から鎖骨のラインの体軸筋群をさらに促通させるには、肩貞のツボ、あるいは、小円筋・大円筋の位置（下イラスト参照）を指先で軽く押さえながら肩を回してやるとよい。

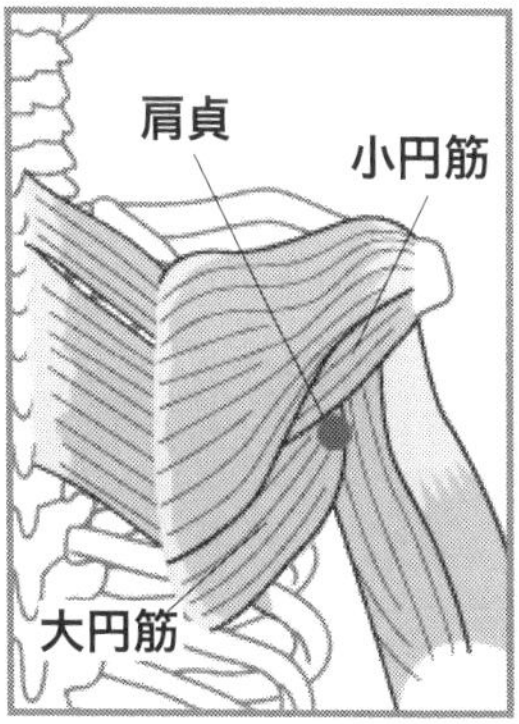

来る。自分で促通させるには、東洋医学系の人は肩貞《けんてい》のツボ、解剖に素養があれば小円筋・大円筋の位置を指先で軽く押さえながら肩を回してやる。鎖骨のラインに関しても鎖骨に沿って指で擦り、鎖骨のラインに沿って上腕を挙上し内・外旋したり、軽く開閉するだけだ。

◉パンチ&蹴り

では、パンチについてはどうか。軸のずれた状態で重い相手を打つとどうなるか。衝撃で自分がぐらついたりするのは、多くの方が経験したことがあるはず。だが、先程の脇のクロスポイント、肘頭の直上にある肘のクロスポイント、手掌のクロスポイントをそれぞれ押して意識を繋げ、更に両鼠蹊部とも繋げてパンチを打つと、相当に重量のある相手に圧力負けしないパンチを打つことが出来る。

蹴りもただ前面の相手に蹴りを出すだけだと、四頭筋や腹直筋に力の入った不統一体となっているため、蹴った方が前進してくる相手の圧力に負けて吹っ飛ばされることがある。キックやフルコン空手でしばしば目にすることのある光景だ。しかし、これも鼠蹊部と鳩

パンチ

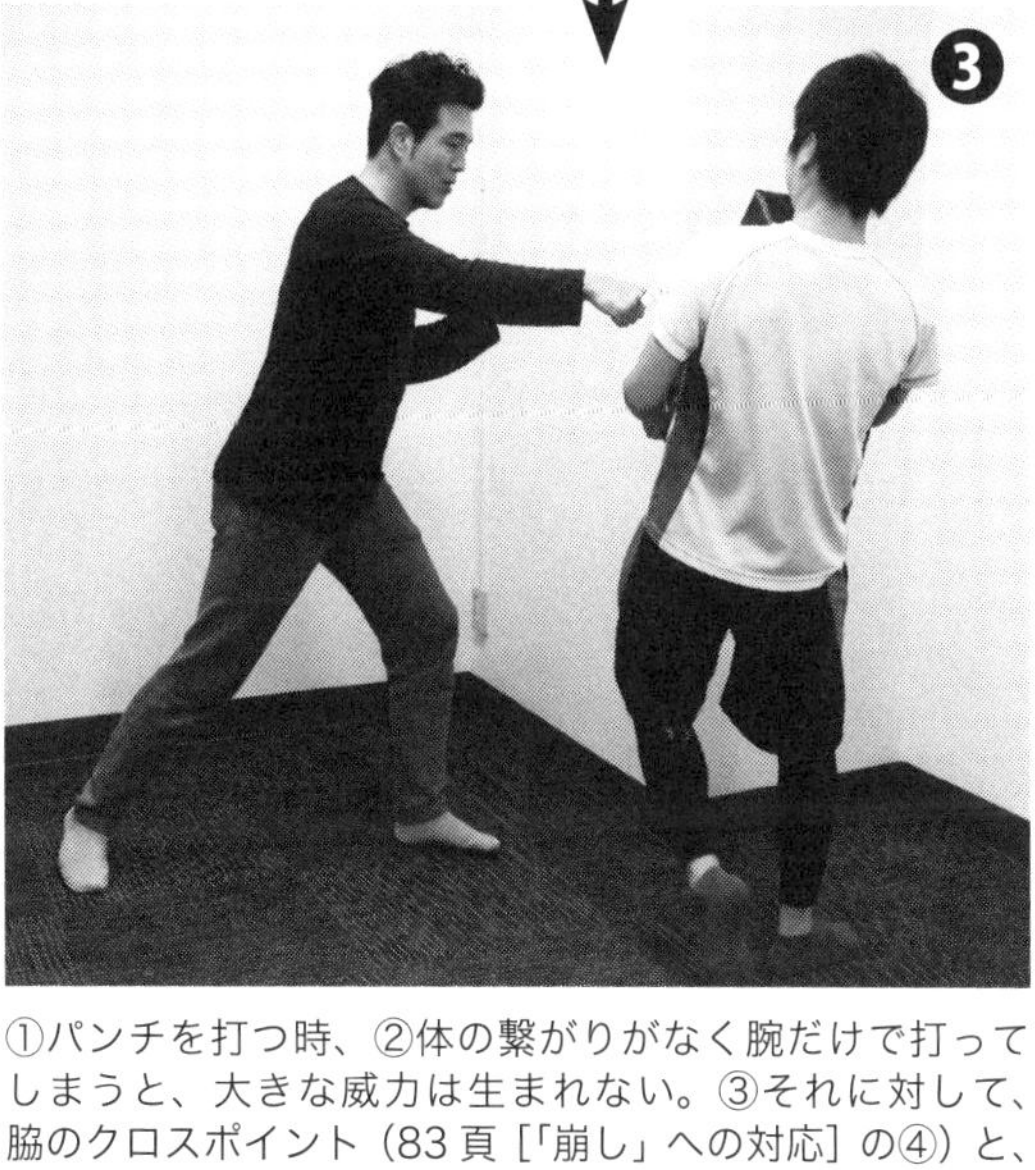

①パンチを打つ時、②体の繋がりがなく腕だけで打ってしまうと、大きな威力は生まれない。③それに対して、脇のクロスポイント（83頁［「崩し」への対応］の④）と、肘のクロスポイント（④）、手掌のクロスポイント（⑤）をそれぞれ押して意識を繋げ、さらに両足の鼠蹊部とも繋げることを意識して打ち込むと、大きな威力を生むパンチとなる上に、軸がしっかりとしているので打ち込んだ後もぐらつくことがない。

蹴り

❶

❷

❸

蹴りもパンチと同様に、体の繋がりのない状態で足だけで出すと、太腿や腹筋が力んでしまった蹴りになってしまう。このような蹴りでは、蹴った方が前進してくる相手の圧力に負けて、逆に後ろに体勢を崩してしまうこともある。①②しかし、鳩尾と左右の鼠蹊部のクロスポイントを押して、③その部分を繋げる意識で蹴ると、大きな威力を生み、蹴り終わった後も、体勢が揺るがない。

尾のクロスポイントを意識し、鳩尾を思いきり丸める意識で蹴り出せば、逆に相手を吹き飛ばすほどの威力を出すことが出来る。

◉腰痛へのアプローチ

最後は、腰痛へのアプローチ。まずは鳩尾を押さえ体を丸めては戻すを繰り返す。続いて、片足を一歩前に出し、前屈立ちを小さくした立ち方で鳩尾を丸めると、膝が伸びるのを感じるだろう。膝が曲がった状態では四頭筋が働いているが、伸びていると内転筋が優位となっているので、それぞれ内転筋を叩打《こうだ》し大腰筋と繋げていく。最後に、しゃがんで坐骨を地面に近づけるように腰を落とす。

腰は正に身体の要となる身体の中心。腰痛予防の意味でも効果的なワークだろう。

日常生活、稽古に際しても、統一体で臨めるよう、各ワークを読者諸氏も取り入れてみてはいかがだろうか。

腰痛へのアプローチ

❸ ❷ ❶

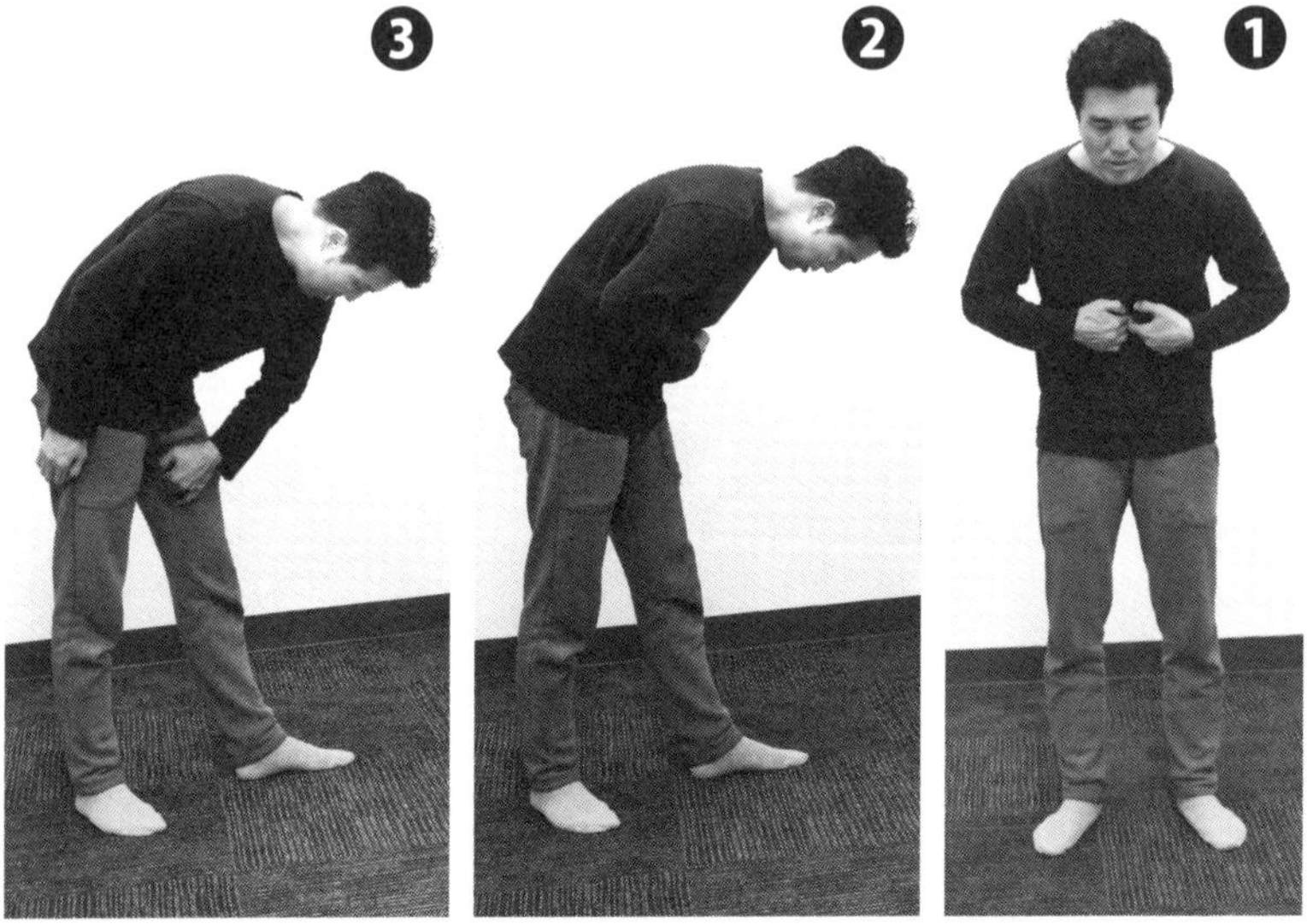

腰痛を改善させるための身体への働きかけである。①鳩尾を指で押さえて体を丸めては戻すを数回から十回ほど繰り返す。②続いて、左足を一歩前に出して、同じように鳩尾を押さえて体を丸め、③大腰筋と繋げる意識を持ちながら内転筋を軽く叩いていく。②③は膝が曲がらないように注意する。同じ動作を右足を前に出して行う。④最後に、股関節を広げるようにしゃがんで、坐骨が地面に近づくように腰を落とす。

❹

DATA

◉体軸コンディショニングスクール　https://metaaxis.co.jp/

第1部

体・軸・

PART 6

「軸」を使いこなすコツ

文◉日野 晃

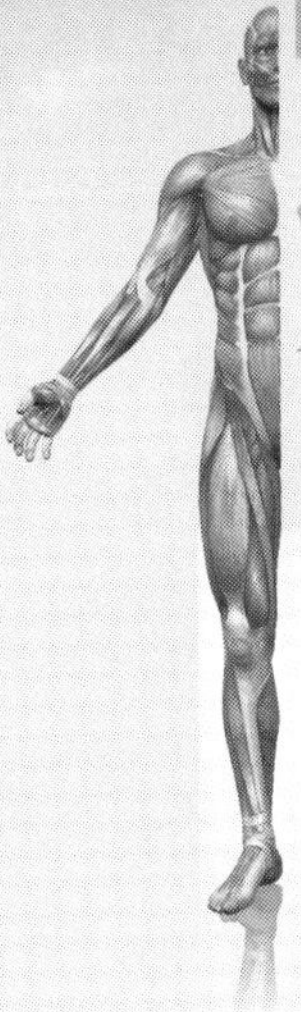

日野 晃
日野武道研究所

Hino Akira

1948年生まれ。中学時代は器械体操で東京五輪の強化選手に選ばれる。ケンカに明け暮れた少年時代を経た後、ジャズ・ドラマーとしてショービジネスの世界で活躍。同時に武道の世界も追求し、空手修行を経た30歳の時、武道に本格的に取り組むための実験道場を大阪に開設。さらに深く追求するため現道場のある和歌山県熊野の移り、自力で道場を建設。実践と独自の武術研究から導き出された上達のメカニズムから年老いても衰えない真の強さを指導している。コンテンポラリー・ダンス界の巨匠、ウィリアム・フォーサイス氏に招かれてのワークショップが恒例化する等、師の元を訪れる人の分野は非常に広範にわたっている。

「軸」という概念

「軸をぶらすな」と使う。それは、身体の状態であったり、人生を貫く信念だったり志の事を指す。軸とは「概念」だ。その意味では、軸がそのものとして「有る」のでは無いし、普遍性を持つものでもない。したがって、軸という概念を持たない人達には理解できないという事でもある。

もちろん、だから「軸」という概念が間違いだとか誤っているという事では無い。「軸」は概念だから、その使い方や用い方で役に立ったり、逆に邪魔になったりもするものである。

私は、身体に対して「軸」という言葉は滅多に使わない。中学生の頃は器械体操、その後、ジャズドラムから武道と、いずれも身体を動かす事を専門にして来たが、軸という考え方を持っていなかった。それよりも、目的、例えば、〝バク転をしたい〟場合、ひたす

らバク転をする事で、その姿にふさわしい筋肉や姿勢を手に入れる。とにかく、やり続ける、という原始的な手法を使っている。そこから足りない、あるいは過剰な要素を見つける事を大事にしている。武道なら〝どう技を仕上げたいのか〟という目的から考え、「軸」の事は考えていないのだ。

ただ、私の動きや姿勢を見て、「軸がしっかりしていますね」と言う人もいたが、私自身は「軸」という考え方で、動きや姿勢を作った事はない。そこから言えば、「軸をぶらすな」は、私にとっては〝美しく〟とか〝柔らかく〟という事が「軸」になっていると言える。

「軸」が役に立つ場合と邪魔になる場合

「軸」を頻繁に耳にする様になったのは、ヨーロッパの芸術大学に招かれて指導してからだ。学生達、先生方、プロのダンサー等から「軸」について常に質問されたからだ。

「軸」は役に立つ。特にクラシックバレエの世界では、色々な回転運動がある。その場合は「中心軸」を用いる。体軸が歪んでいたり、ブレていると美しい回転を生み出さない。

だから、指導者達は「軸」を徹底的に生徒達に教え込む。また、バレエの様々なポーズは重力とのバランスが必要になる。それはトウシューズという、靴の先端の面積が極端に小さい箇所に爪先立ちで全体重を乗せる事で決めるからだ。であるから、常に重力とのバランスとしての「軸」が体感されていなければ美しく立つ事はできない。その意味でも、この軸という考え方は、非常に有効だ。

また、アスリートを始めとした、身体を駆使するジャンルでも軸を考える事で、故障を少なくしたり、能力を引き出し競技に勝利しようとする。日常でも姿勢の美しさを求める時に、この軸を使っている人達もいる。

しかし、逆に邪魔になる場合がある。「目的が『軸』になってしまった場合」だ。軸は、あくまでも目的の為の道具でありヒントだ。だが、その事に神経質になりすぎて、本番や競技で、軸に囚われる事がある。その場合は邪魔だ。例えば、アスリートや、クラシックバレエのダンサーが、軸を意識し過ぎる余り、本番でも軸に意識が行く可能性がある。軸に意識が行くと、それはバレエではなく単なる運動になってしまう。アスリートの場合は、競技で勝利する事に全身全霊で向かう事が出来なくなる。

「守破離」という言葉が日本にはある。ここから軸の使い方を合理的に考える事ができる。「守」では、自分に対して軸を徹底的に叩き込む。そして「破」で、様々な姿勢や多様な目的に対して応用していく。「離」では、完全に軸を忘れ、目的そのものに全力で取り組む。それが軸を合理的に使うコツである。

DATA

◯日野武道研究所　〒646-1401　和歌山県田辺市中辺路野中 3–3
TEL 0739-65-0616 honbu@hino-budo.com　http://www.hino-budo.com/
◯神田道場：東京都千代田区神田多町 2-8-10 神田グレースビル B1F
◯大阪道場：スタジオ エスパスカルチャーサロン天神橋（大阪市北区菅栄町 13-15）

第2部

「姿勢」が生む驚異のチカラ

Part ❶ 中村尚人

ナチュラルな体とニュートラルな心

Part ❷ 安藤毎夫

鍵は後ろ足の膝にあり

秀徹　〝伸ばして〟使う！
一撃必殺を生む身体
Part ❸
藤原将志
イメージする力が
生み出す
〝柔軟な強さ〟
Part ❹
広沢成山
日本古来の
〝勢い〟の〝姿〟
Part ❺
ウィリアム・
リード

第2部

姿勢・

PART 1

ナチュラルな体とニュートラルな心

「姿勢が良い」とはどんな状態なのか？

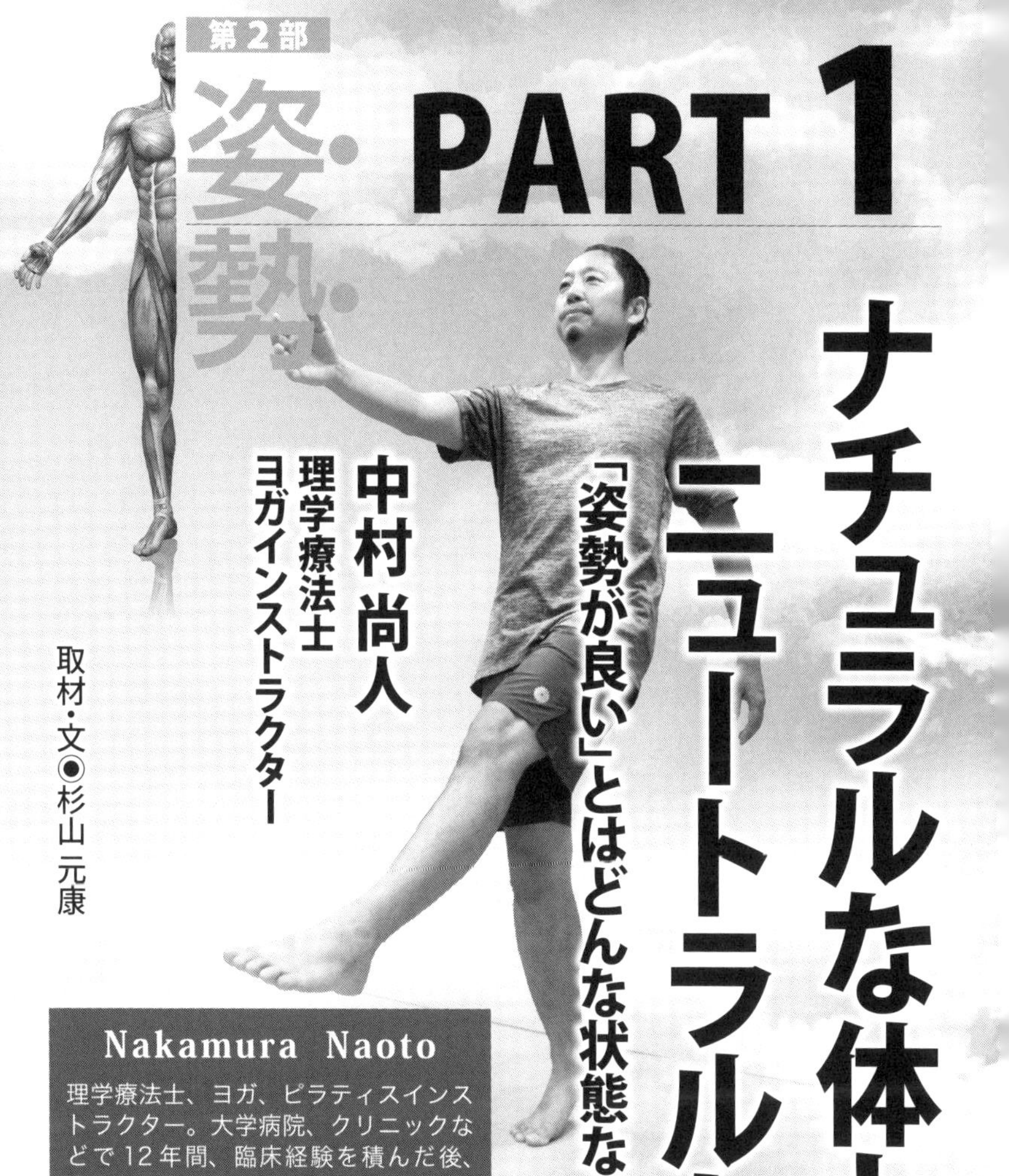

中村 尚人
理学療法士
ヨガインストラクター

取材・文◉杉山元康

Nakamura Naoto

理学療法士、ヨガ、ピラティスインストラクター。大学病院、クリニックなどで12年間、臨床経験を積んだ後、東京・八王子にstudio TAKUT EIGHTを起ち上げて独立。ファンクショナルローラーピラティスやエボリューションウォーキングなど、独自のメソッドを考案、発表。All Aboutガイド、一般社団法人ヘルスファウンデーション協会の代表理事を務める。著書に『ヨガだからできる幸福感の高め方』『ヨガの生理学』『ヨガの運動学』、DVD『体幹が自然に出来るピラティス入門』（すべてBABジャパン）などがある。

体も心も「真っ直ぐ」であること

「姿勢が良い」とはどういうことか？　理学療法士とヨガの指導者という顔を併せ持ち、高校時代から合気道も学んできた中村尚人師は、２つの視点で説明する。

まず理学療法士の視点からは、「重力方向と身体の質量を一致させること」という物理的な説明。重力方向とは、大地に対して垂直の方向。もし質量のある物体が空中にあったら、それは地球に引かれて垂直に落ちる。人間も、重心が二つの足で支えられる範囲から外れると倒れてしまう。倒れるまではいかなくても、重心が〝真ん中〟から外れた状態が長く続くと、メカニカル（機械的）ストレスが筋肉や靭帯にかかり、腰痛や肩凝りなどの原因となる。「理学療法士が出会う、運動器系の疾患・不具合は、ほぼ１００％姿勢の崩れから来ているんです」と中村師。

「だから『重力方向と身体が一致しているのが、良い姿勢』と言えます」

もう一つの視点は〝心〟。「正しい姿勢」というものをヨガや武道の視点から見ると、「心が真ん中にある」ことなのだという。「座ると、心が体に乗ります。形のないものが、実体の上に乗るんです」と中村師。

言葉の上でも、例えば「積極的な姿勢で仕事に取り組む」と言ったとき、「姿勢」は「心のありよう」を意味している。心の持ち方は姿勢にあらわれる。背を丸めて尊大な態度を取る人も、のけぞって謝罪する人もいない。ふだん人間は他者の感情を表情から読み取るが、能役者は面で隠して、姿勢で心を見せる。「世阿弥は、どんな心を演じるかについて論じず、『型の練習をしろ』とだけ書いているんです」と中村師。

姿勢と心の直結は東洋的ではあるが、英語の「Attitude」が「姿勢」と「態度」の両方を意味するように、西洋的身体観でも共通している。姿勢は心の結果であると同時に、心が姿勢の結果ともなる。落ち込んでいる時に背筋を伸ばせば、それだけで少し元気が出るように。定量的な研究は開拓途上の分野だが、経験的には誰もが知っていることだろう。

「超健康」も「超姿勢」も無く、「普通」がある

続いて中村師の口から出てきたのは、「Super《スーパー》健康というものも、Super姿勢も無いんです」という、突飛にも聞こえる言葉。

つまり「良い姿勢」の「良い」とは、「Super（超）」ではなく「Neutral（中間）」ということ。自動車やパソコンのスペックならば、数字の大きい製品が〝良い〟ものだが、人体は違う。体温も血圧も、数字を高くすれば良いというものではないから、人体の恒常性《ホメオスタシス》は、中庸を保とうとする。姿勢も同じで、背骨や足などのあらゆる部位が、体重を真っ直ぐ支えるのは、ニュートラルな状態。

「正しい姿勢を見せた時に、生徒さんの感想は『なんか……普通ですね』でした（笑）。でもこれが〝良い姿勢〟の本質なんです」

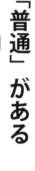

骨盤の角度によって全く違う姿勢の強さ

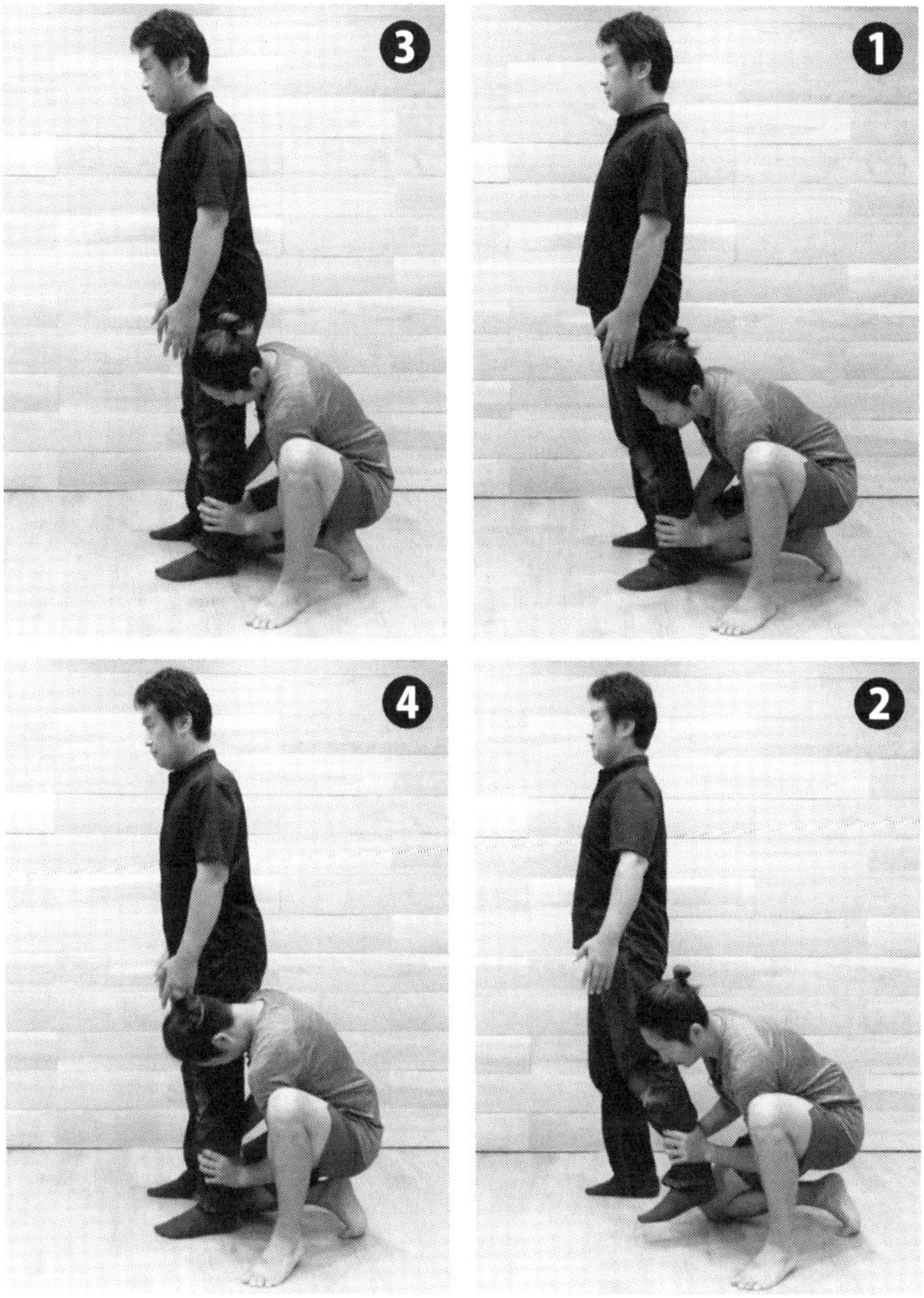

①骨盤を前に出した姿勢（上体がやや後傾した姿勢）で、片足の足首の上あたりを掴まれる。②その状態で、上に力を入れられると、簡単に持ち上げられ、体勢は崩される。③これに対して、骨盤を後ろに引いた姿勢（上体がやや前傾した姿勢）で、④同じように片足の足首の上あたりを捕まれた状態で上に力を入れられても、相手は全く持ち上げることができない。骨盤の位置が幾らか変わるだけで、姿勢の強さが全く違うものになることが分かる。

大腿骨や腰椎など、どれかが目立つ働きをしてしまうと、却って関節や筋肉などの負担は大きくなるし、体は〝悪い意味で〟「軽く」なる。良い姿勢で立っている人の脚を持ち上げることは困難だが、ほんの少し腰を反らせてしまうと、急に軽くなる（103頁写真参照）。クッと腰を入れた練達者の姿勢を真似たつもりでも、これでは弓や剣はブレるし、組技ならば簡単に引っこ抜くように投げられてしまうだろう。

日常生活に目を向けると、現代人はデスクワークが多く、うつむいた姿勢に固まりがちだ。特にノートパソコンは画面が低い位置に来るので、台座などを使って高くセッティングしたいところ。「高めの位置にディスプレイを並べるデイトレーダーの人たちのスタイルは、うつむかず、のけぞらず、程よい覚醒度になるので、理に適っています。うつむくと眠くなり、のけぞると覚醒しすぎになるからです」と中村師。むろん前傾姿勢で興奮度を高めることもできるだろうが、長時間は続かない上に肩や頸の疲労も大きく、また冷静な判断力も下がってしまう。ちゃんとした椅子に中正な姿勢で腰掛けている時のほうが、コンスタントに仕事をこなして、疲労も残りにくい。

正しい姿勢での座り方を、中村師に実演してもらう。デスクワークの時には浅く腰掛け

デスクワーク時の姿勢

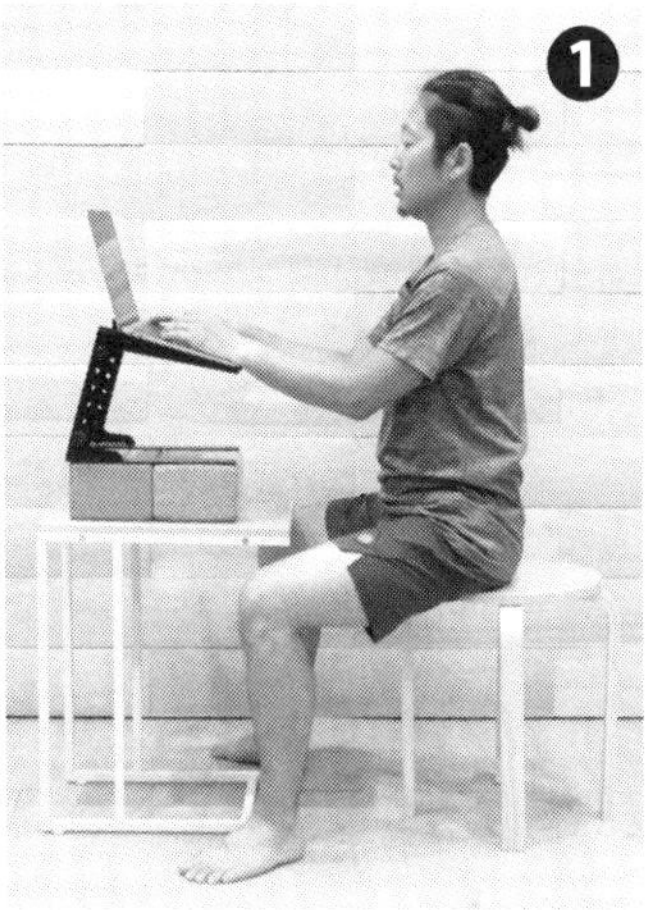

①デスクワークで長時間パソコンを見るような場合、視線をできるだけ真っ直ぐにできるようにパソコンの高さを調整する。②パソコンの位置が低いと、首が前傾して、猫背の姿勢になってしまう。③パソコンの位置を上げられない場合は、自身の身体を下にもっていっても良いので、首と背中が②のような形にならないように気をつける。

て、脚は開く。すると骨盤が前傾できるので、背骨全体は〝真っ直ぐ〟に頭部の重さを乗せられる。――〝特別〟感は無く、確かに〝普通〟だ。

〝ゼロの状態〟は瞑想の前提条件

世界各地の様々な瞑想法は、師匠が側に付くことが多い。瞑想は少し間違うと妄想に陥りやすく、メンタルにもフィジカルにも悪影響を及ぼすからだ。そうした妄念の種は、姿勢の歪みから生まれる。

ヨガは基本的に一人でおこなうので、まず姿勢を正す。つまりヨガの様々なポーズ（アーサナ）は瞑想の準備であり、「アーサナは姿勢を調えて、ゼロの状態にするためにやっているんです」と中村師は言う。

シルシャ・アーサナ

①の体勢までできたら、手の力を徐々に抜いて行って、頭だけで身体を支える意識で行う。②そこから腕を立てて、指だけで、③さらには、指の本数を減らしていくこともできるという。
このアーサナについて、中村師は「頭から身体を一直線にするということは、背骨が真っ直ぐということが分かります。そして、〝真ん中〟を体感することができたら、瞑想を行うのにとても適した状態になっているということです」と解説する。
※シルシャ・アーサナのやり方は、関連動画で詳しく解説しています（116頁参照）。

体を〝真っ直ぐ〟にするために、ヨガ行者は頭で立つ。シルシャ・アーサナと呼ばれる三点倒立《ヘッドスタンド》だ。背筋が曲がれば倒れるので、倒立は確実に体を真っ直ぐにする。スラリと逆さまに立って見せたあと、「ヘッドスタンドできないうちは瞑想しないほうがいい、というぐらいです」と中村師。

これは門外漢にはハードルが高いが、一番シンプルな方法は、ただの「伸び」だという。両手の指を組んで頭上高く差し上げ、踵を上げて数秒。少なくともその時間は、体は〝真っ直ぐ〟になっている。

もう少し上の段階として、中村師は「ねじった半分の月」を提示する。ねじった《パリヴリッタ》・半分の《アルダ》・月《チャンドラ》・姿勢《アーサナ》という名前で、右足を挙げて右手を床に付き、左手を真上に挙げて体軸を水平にする（左右は入れ替わる）。

パリヴリッタ・アルダ・チャンドラ・アーサナ

①～②両足を前後に大きく開いたところから手をついて片足（ここでは右足）を体に水平に上げる。③そこから体を開きながら、支えている足（左足）の方の手を真っ直ぐ上に上げる。この時、頭と上げている足の先を互いに遠くへ伸ばすような意識で行うと良い。④上げている手（左手）の先に視線を送り、バランスが取れたら目を閉じる。30 秒～ 1 分、その姿勢をキープする。⑤初心者の人は、支える手（右手）の下に高さを補う物を置いて行うと、やりやすい。

努力するのではなく「自分を観察する目」を持つ

「ニュートラルな状態を得る一助として、こういうものを作ったんです」と中村師が取り出したのは、一本歯ゲタを再解釈した〝バランスロッカー〟というアイテム。動詞のRockは、ロッキングチェアなどで見られるように「揺れる」という意味で、ゲタの歯の部分が丸いために、「真っ直ぐ立とう」とするだけでも前後にグラグラ揺れてしまう。「ただ、乗る」だけでも面白い（記者は翌日、筋肉痛になった）が、上体を捻りながらスクワットをするなど無数の使用法があり、ゴムバンドで足に固定するという応用もできる。

これに乗って「バランスを取ろう」と意識してしまうと、「重心を前に……行き過ぎたから後ろだ。やっぱり前！ いや、後ろ！」と重心の崩れが増幅してタタラを踏んでしまう。中村師によると、これは「錐体路系を使っているから」なのだという。人体が持っている

「バランスロッカー」

中村師が開発したバランストレーニング器具「バランスロッカー」。踵下に当たる部分の底側は、球状に突起した形をしている。

神経伝達システムのうち、錐体路系は伝達が遅く、錐体外路系は速い。意識した行動は脳の皮質から発し、錐体路を通って全身に伝達される。錐体外路系は錐体路以外の運動指令ルートの総称で、反射的・無意識的な行動の指令を伝達する。「『バランスを取ろう』じゃなくて、『バランスを取っている自分を観察する』と良いと思います」と中村師。

「バランスロッカー」を用いたバランス取り＆踵バランス

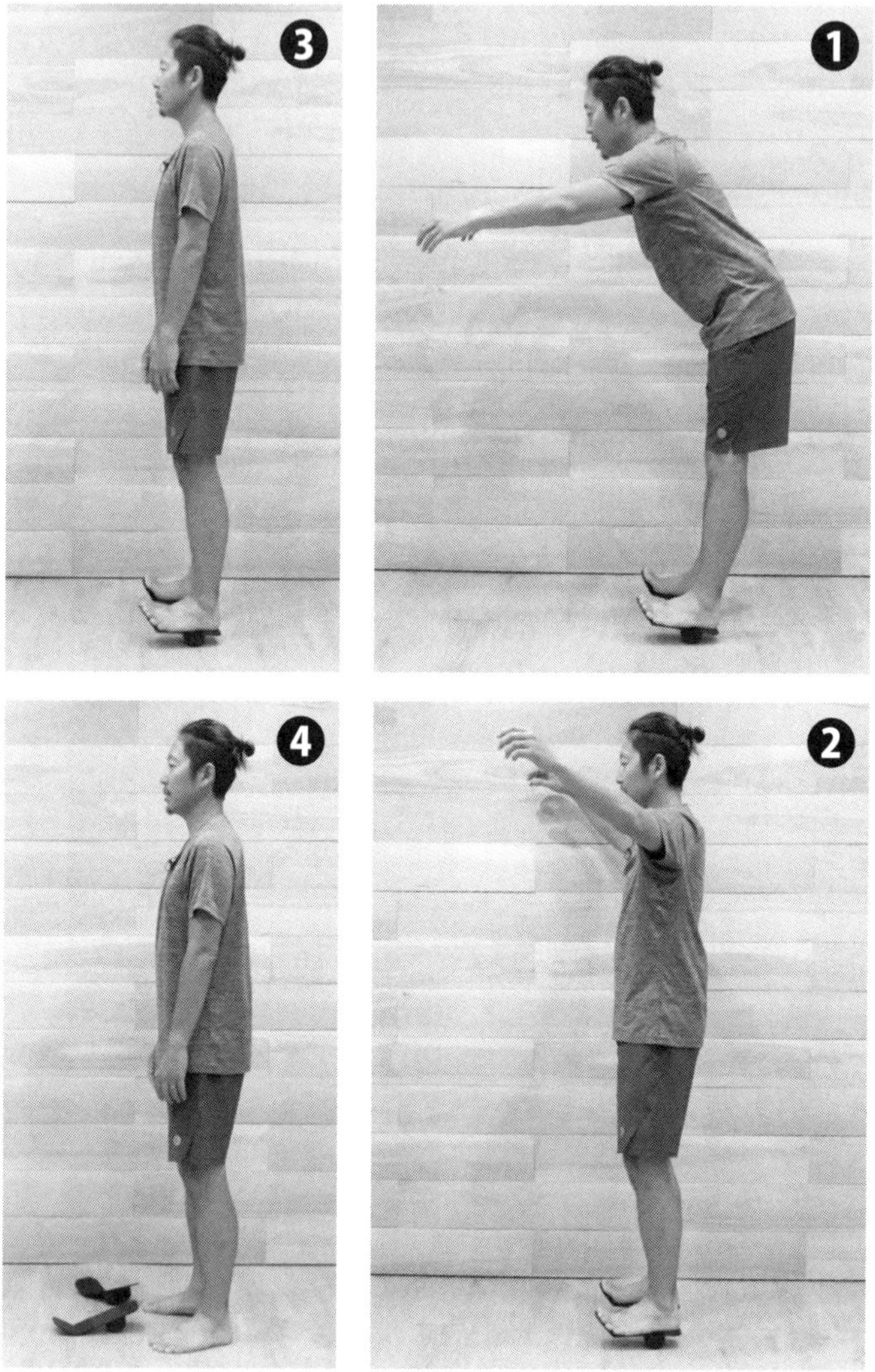

①〜②バランスロッカーに乗って、手を前に出してバランスを取る。中村師は、腕を前後や上下に、また身体を前後に動かしながら、徐々にその動きを安定させたものにしていった（記者や編集者も体験したが、なかなか身体を安定させることができず、数秒でバランスが崩れてバランスロッカーの上に立ち続けることはできなかった）。③そして、真っ直ぐ立ち続けることができる状態になった。④その感覚のまま、バランスロッカーから降りて立つと、「この状態が真ん中で立つということです」と中村師。バランスロッカーを用いると、両足を前後に置いて行ったり、様々な応用の用い方ができるが、⑤〜⑥道具を用いずに、手を前に出し、お尻を後ろに引いた状態で、足のつま先側を上げ、踵でバランスを取ることでも、同じ感覚を養うトレーニングになる。

スポーツと武道

テニスであれ野球であれ、ほとんどのスポーツは前傾して構える。アーチェリーなどの射撃競技を例外として、短距離走もレスリングも、スキーも前傾する。これは眼前の事象に機敏に反応できる基本姿勢だが、「これらは人間の日常とは離れた、特別な動きです」と中村師は説く。確かにスポーツの構えは、日常では〝悪い姿勢〟だろう。ただし超一流のアスリートは基本的に姿勢が良い。「特に野球やゴルフのような回旋運動をメインとする競技は、軸の通った姿勢でなければ体を壊すからです」と中村師。

一方、人間という二足歩行動物の基本姿勢は〝歩き出す直前〟だという。武道の構えはこれに近い。むろん棒や刀を手にすると変わってくるが、達人を「歩く姿が〝武〟である」と表現するように、素手で全方位に対処するための構えは「立って、歩こうとする」姿勢と近接してくる。ルール上の特定の条件ではなく全方位を意識し、それでいて固まらずに

「真ん中で立つ」と「武道的立ち方」

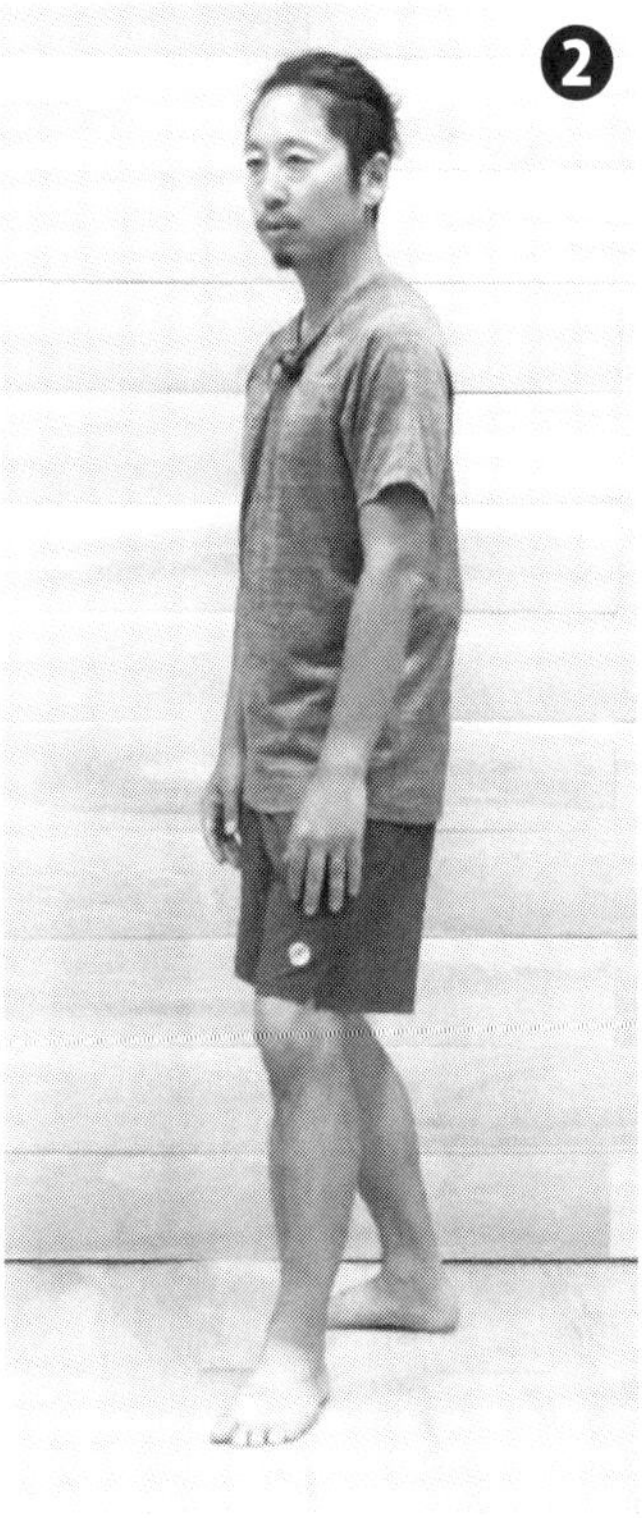

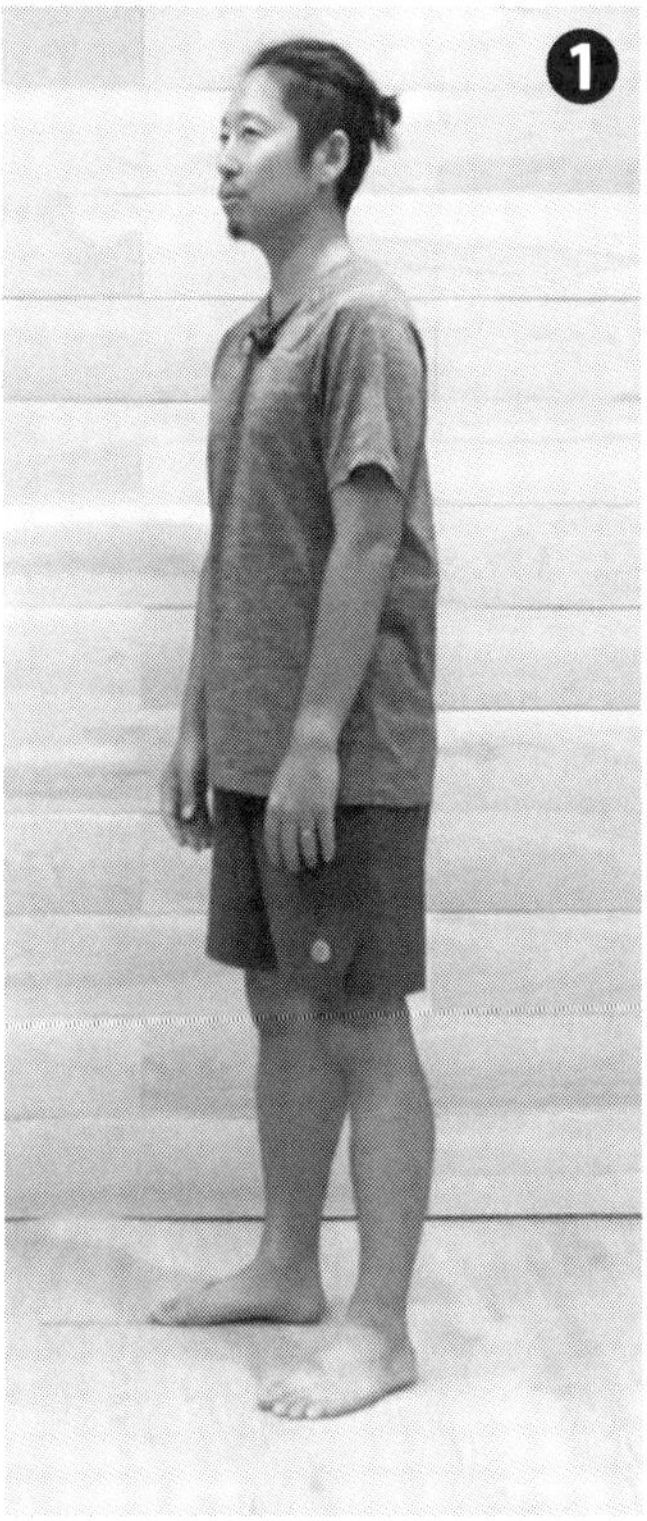

①「真ん中で立った」状態。中村師はこの姿勢を以下のように解説する。「下から突き上げられて一番強いということは、上から押されても強い姿勢ということです。僕らは重力と反力で上からも下からも潰されています。その中で重力などの自然の力と体が一致したポジションにいると、一番安定していて、可動域も一番広く、一番呼吸が深く、そして一番楽に立てるんです」
②二足歩行動物である人間の基本姿勢は「歩き出す直前」であると中村師は説く。そして、武術の構えは、これに近いものになってくると、長年合気道を修めている中村師は考える。

自在に動くためには、心も体もニュートラルでなければならないからだ。

人間は恐怖を感じると身が縮み〝逃避姿勢〟を取る。それは内臓や感覚器官を守る優れた本能のシステムではあるが、この姿勢を取ってしまうと本来得られたかもしれない勝利も遠のく。力は出にくいし、リーチも短くなるからだ。だから古の武術家たちは禅を学び、瞑想によって〝動じない心〟を得ようとした。ここで凡人は「動じないようにするぞ！」と頑張ってしまうが、〝頑張って〟いる時点で、すでにニュートラルではない。「達人は、心がゼロの状態にスッと入れるんだと思います」と中村師は補足する。

武道の世界では、激しく動く〝動の修行〟の後に、動かない〝静の修行〟を課す。それは楽して構わないステージに到達したのではなく、むしろ遥かに難しい流祖からの要求なのだろう。だが体も心も中庸を保つことで、神経の反応速度も四肢の伸びも獲得できる。その階梯を登るための一歩は、ただ〝良い姿勢〟で座ること、立つこと、歩き出すこと―基本中の基本、の中にあるのだろう。

DATA

◎ The official website of NAOTO NAKAMURA
https://www.naoto-nakamura.com/

◎バランスロッカー公式 HP　https://www.balancerocker.com/

こちらから関連動画を観られます（「WEB秘伝」動画ギャラリー）

第2部 姿・勢・

PART 2

鍵は後ろ足の膝にあり

技が決まるカタチの作り方

取材・文◉野村 暁彦

安藤 毎夫
合気道龍 代表

Ando Tsuneo

1956年生まれ。愛媛県新居浜市出身。徳島大学在学中に合気会系合気道部へ入部。卒業後、商社勤務を経て、合気道養神館へ内弟子として入門。故・塩田剛三館長の薫陶を受ける。1996年より、千葉県浦安市に「養神館合気道 龍」を主宰する。2008年、養神館本部道場主席師範となる。塩田館長の提唱した中心力から開祖植芝盛平翁の呼吸力の真相に迫る「引き寄せ」の原理原則を原点にすえ、合気道の深奥を独自に探究する。2023年、養神会を退会、「合気道 龍」代表として活動している。

塩田剛三師範からの最後の指導でかけられた言葉

塩田剛三師範の最後の稽古となった日、当時内弟子だった安藤毎夫《つねお》師範は、もう一人の内弟子とともに館長室に呼ばれた。塩田師範に言われるまま、同行の内弟子を相手に二ヶ条の極めをやって見せたところ、これに対して塩田師範は一言、

「背筋の力が足らん」

これが、安藤師範が塩田師範から受けた最後の指導となった。そして、この「背筋の力」という言葉は安藤師範の中に強く残り、稽古を続けていく上での一つの指針となった。

背筋とは即ち姿勢であり、技の根本を成すものである。塩田師範が言う「背筋の力が足らん」とは、言い換えれば「根本を鍛えなさい」という意味なのだろう。いずれにしても非常に抽象的な表現である。このような言葉は、すでに技や形は知り尽くし、一定以上の

レベルに達した者にしか響かない。内弟子として頭角を現していた安藤師範だったからこそ、塩田師範はこのことを伝えたのだろう。

「臂力の養成」が求める重心移動とは？

姿勢はあらゆる動作の基盤となるため、全ての動作、全ての技が、姿勢の精度を上げるための稽古となっている。言い換えれば、合気道が求める正しい姿勢を体得することこそが、稽古の主眼であり、技はこれを武術として表現するためのものなのである。

姿勢の精度を上げることによって、技の質が向上する。しかし精度を上げるためには、まず基本となる姿勢を身につけなければならない。塩田師範が考案した「臂力《ひりき》の養成」は、合気道の基礎となる姿勢の鍛練を主な眼目とした稽古法と言えるだろう。

剣術の正眼の構えに似た形で手、足、腰を一線上に乗せ、ベクトルを合わせることによって、力を集中させる。ここから半歩前へ歩を進めつつ両手を上段に振り上げて、前方へ力を送り出す。これが「臂力の養成（一）」である。

ここで問われるのは、腰にしっかりと力が入った状態で前進し、腰の力を手に伝えることができているかである。しかし、腰を決めたまま足を踏み出して前進するのは簡単ではない。立った状態から最初の一歩を踏み出す際、通常の歩きでは、まず敢えて腰を緩めて重心を流す。つまり進行方向に向かって僅かに倒れ込むことで、重心移動のきっかけを作るのである。しかし、これでは重心移動の瞬間、相手にもたれかかるような無防備な状態となってしまう。技の原動力としての重心移動にはならないのである。

技の原動力となるような重心移動に求められるのは、安定した腰と真っ直ぐに整った中心線（体軸）、そこから生まれる集中力であり、「臂力の養成」が求める重心移動は、しっかりと腰を決めて中心線を整えた状態で歩を進め、腰の力を手に、更にはその先にある相手の体の中心に送り込むことである。

臂力の養成（一）

臂力の養成（一）は、両手を押し出すように振りかぶりながら、前足からすり足で出て後ろ足を引きつける動きになる。①は、その前足を出して後ろ足を引きつけている段階の場面。

②相手に手首を持たれた状態から、臂力の養成（一）の動きを行う時、③しっかりと腰に力が入った形で前進できていれば、その前進するエネルギーのほとんど全てを相手に伝えることができる。そのためには、後ろ足側の膝の動きが重要であると安藤師範は説く。膝が外側に開くことによって、終始後ろ足の張りを保ちながら前進することができるのである。④後ろ足の膝がしっかりと張っていないと、後ろ足全体の張りも生まれず、腰へも力が充分に伝わらない。当然、相手に伝わる力にもロスが生まれてしまう。③と④、それぞれの後ろ足の膝の形は、見た目では僅かな違いでしかないが、身体の中における力の流れは大きく異なったものとなる。

後ろ足の膝の働き

この一連の動作を行う際、安藤師範が重視しているのが膝の使い方である。それも、前足の膝以上に、後ろ足の膝の働きに着目している。

「臂力の養成（一）」では、前に出した側の膝に重心を載せて踏み出すことになるのだか、多くの場合、この一連の動作を行う際には、主に踏み出す側の足や膝、振り上げる両手に意識が置かれることになる。しかしこれだけでは、踏み出す瞬間に、特に両手を振り上げる動作に釣られて骨盤が揺らぎ、腰の力が抜けてしまう。動くことによって手、足、腰がバラバラになってしまうのである。骨盤が動揺すると腰の張りが抜けて、腰に乗っている上体が総崩れになる。

安藤師範は、骨盤を安定させて動作を行うために重要なのは、後ろ足の膝の働きであると考えている。「臂力の養成（一）」では、後ろ足の膝を終始しっかりと伸ばして張る。後ろ足の膝が決まらないと腰が決まらず、これが後ろ足の張りに繋がってくるのである。後ろ足の膝をしっかりと伸ばすためには、後ろ足の膝が利いていなければならない。

ところが「臂力の養成（一）」では、後ろ足の膝をしっかりと伸ばした状態を保ったまま歩を進めるため、動作の中で後ろ足の膝の働きを意識することが難しい。前足の爪先を外に向け、前膝を開くことによって、結果的に後ろ足の膝の在り方を教えているとも言えるのだが、これに動きが伴うと、どうしても後ろ足の意識が曖昧になって、姿勢が崩れてしまう。

一方、前後に転身する形を取る「臂力の養成（二）」では、転身の際に、後ろ足の膝を開いて腰を割る。通常、このような動作を行う場合は、骨盤を回して転身することになり、後ろ足の膝は骨盤の動きに釣られて内旋する。しかしこれは、膝が働いていないために、骨盤の動きに引っ張られて動いているに過ぎない。

一方「臂力の養成（二）」に於ける転身では、後ろ足の膝は転身とともに転身とは逆方向に外旋させ、股関節を開いて骨盤を安定させるように働く。この作用によって「腰が決まる」のである。

臂力の養成（二）

①臂力の養成（二）は、前後の足を回転させて真後ろへ向き直るとともに、回転して前にくる足（ここでは左足）の方の手を身体の前に切り上げる。②そこから再度両足を回転させ前に向き直りながら両手を振り上げる動きになる。この向き直る際に、後ろ足（ここでは左足）の膝がしっかりと張った状態を保つことが重要である。③後ろ足の膝が僅かに前側に入ってしまいながら回転すると、後ろ足の張りが弱まってしまう。

④右手首を相手に持たれながら、臂力の養成（二）の動きを行う際も、⑤後ろ足の膝の張りを保ちながら回転することで、しっかりと腰に力が入り、相手へも充分に力が伝わる。⑥後ろ足の膝の張りが弱いと、相手への力の伝わりも弱くなってしまう。

「臂力の養成（二）」の稽古を通して「腰が決まる」という感覚が分かってくると、「臂力の養成（一）」での後ろ足の膝の働かせ方も分かってくる。

「臂力の養成（一）」だけでは分かりにくい「後ろ足の膝の働き」を正しく認識し、「腰を決める」のに適しているというのが、安藤師範が考える「臂力の養成（二）」の位置づけなのである。

しかし塩田師範は、弟子たちに対して、こういった詳細な内容を言葉にして教えることはなかったという。

「教わったものは、大半を忘れてしまうんです。教わったものというのは、軽くて入ってこないんです。でも自分で発見したものは忘れません。自分で一歩一歩探りながら理解した方が伸びます。伸びない人はやる気がないんだというのが（笑）、塩田先生の考えだったみたいです。ですから細かいところは全然教えてもらえなかったですね」

と、安藤師範は言う。

相手に力を流すとともに相手を引きつける

「腰が決まる」とは、主に下腹部が膨らんで充実した状態である。それには下腹部を支える骨盤の状態が重要となるが、膝の操作によって骨盤を安定させ、さらに膝を使って倍加させていくのである。

こうして腰で生まれたエネルギーを相手に流していくのだが、このこと自体は、膝の操作による腰のエネルギーの増大化ということが分かれば、その延長線上で流れるようになってくる。そして、さらにその先には、相手に向かって流すだけでなく、逆に相手を引きつける力が発揮できるようになるという。

「合気道の特質と言うのは、相手に力を流すとともに、相手を引きつけることにあると思います」

引きつけて返す

①〜②相手を引きつけることができるからこそ、③相手との間合いに入って返すことができる。これは、動きながらも、腰を土台とする中心線が全く崩れずにいることで、自分と相手との気が離れずに、それ故に相手が引きつけられて向かってくることになるからである。

相手が向かってくる時に、腰が引けてしまうなど、中心線が崩れてしまうと、自分と相手との間の気が離れてしまい、相手がぐっと引きつけられることはなくなってしまう(②')。

相手を引きつけ浮かせて投げる

①相手に胸を持たれた状態から、②臂力の養成で示した技と同じように、下半身からの力をしっかりと腰に伝えた体勢をつくることで、相手を引きつけ浮かすことができる（ただ相手を崩そうとしても、自分の姿勢が崩れると相手を引きつけ浮かすことは出来ない〔②'〕）。③〜④引きつけられた相手を、自分に向けて巻き込んで返すように技を決める。
相手を引きつけて相手の力を吸収しているので、こちらの技がスッと決められる。この吸収がないと、相手に充分に力を伝えられず、逆に相手に返されてしまう。

と、安藤師範は言う。相手をこちらに引きつける力が出せるようになると、相手を引きつけておいてサッと入る、あるいは躱すということが可能となる。

「塩田先生の技も半分は引きつけているんです。受けに向かって一方的に力を流しているのではなく、自分に向けて巻き込んでから返すという感じで、流すことと引きつけることを一体化するんです。受けが自分の力で崩れているという言い方をしますが、それは引きつける力が強いということなんです」

また基本では「膝の張り（伸展）」を重視していた塩田師範だが、最晩年には受けを真下に落としたりする際に、後ろ脚の膝を曲げて重心を落とすようになったという。

「この頃になって、塩田先生は後ろ膝を曲げることの効果を感じたんだと思います。膝を曲げて重心を下げることによって、より腰に力を持っていこうとしている感じですが、この効果が分かっていなければ、膝を曲げる意味はありません」

形として膝を曲げるのではなく、そこには必ず意味や効果が存在する。稽古は動作を真似るところから始まるが、物真似に終始するのではなく、動作から真意を汲み取ってこその稽古なのである。

日常生活の中でも養われる合気道の姿勢

姿勢は技の根幹であり、身体操作の源である。それ故に、合気道の技だけでなく、日常生活の中で行われる全ての動作に通底するものでなければならない。そのためには、道場での稽古だけでなく、日常生活そのものが稽古となっていることが理想である。

安藤師範の場合、日常生活の中では、なるべく椅子を使わず、正座を中心にしている。正座は骨盤を整えて背筋を真っ直ぐ立てるのに適して

安藤師範は「日常生活から、どういった姿勢をとっているかも、とても重要です」と言う。安藤師範の家では、食事は座卓でとっていて、日常から自然と正座する機会を持つように生活している。こういった日常生活の姿勢づくりが、合気道の技にも大きく繋がっているという。

いる。そのため安藤師範の家では、食事の際もテーブルに椅子ではなく座卓である。

また和式トイレのように深くしゃがむ姿勢によって、膝や足首の柔軟性や可動域が養われる。こういった要素は体質そのものに関わるため、稽古の時間だけでどうにかなるものではない。日常生活の中で無意識のうちに養われ、それがそのまま技の質に反映されるようでなければ、本当の意味での基本とはならないのである。「合気即生活」である。

DATA

◎ NPO 法人 合気道 龍　https://aikidoryu.or.jp/

こちらから関連動画を観られます（「WEB秘伝」動画ギャラリー）

PART 3

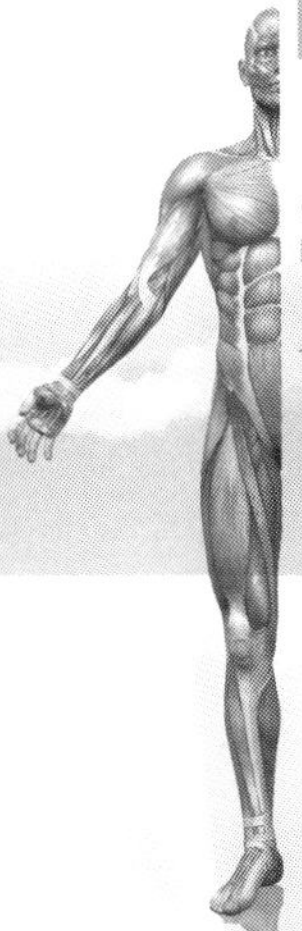

身体が生み出せる〝最大威力〟の可能性の追求！

力をロスせず使うための「画期的」身体補修／補強メソッド

〝伸ばして〟使う！

文◎藤原 将志

一撃必殺を生む身体 秀徹

藤原 将志

Fujiwara Masashi

30代目前に始めたフルコンタクト空手を皮切りに、ボクシング、沖縄空手など、様々な流派に学ぶ。その過程で取り組んでいたウェイトトレーニングでの体作りの限界を知り、鍛錬方法の模索を始める。2018年、所属する流派を退会した後、様々な武道書を読み漁り、改めて様々な技術の検証を開始。さらに、著名武道家の講習等にも貪欲に参加。併せて、様々な武道家、格闘家と交流。縁ある方々への指導を重ねつつ、研究に没頭する。2020年、技の威力にこだわる空手として、「秀徹空手道」を立ち上げる。現在は、空手道に拘らず、より自由に幅広く研究していくという意味で、会名を「秀徹」と改め、流派・団体を問わない指導を行っている。指導・監修DVDに『秀徹　技の威力を作る！』『秀徹2　本当の威力姿勢』（ともにBABジャパン刊）がある。

身体の可能性

私の武道研究は長らく「一撃必殺」一点に集約しております。そして、「秀徹」という会で、そこから見出した身体操作と打撃理論を指導をしております。

嬉しいことにその威力に驚かれることも多いですが、私が追求しているのは決して「誰よりも強い打撃」ではありません。正確に表現すると「この身体が生み出せる最大威力の可能性の追求」となります。

私は2023年で四十九歳、空手道場などではシニア、壮年部、と呼ばれる年代になりました。しかし私自身は、秀徹の身体メソッドにより、ここ数年飛躍的に技の威力が伸び、すっかり別人になったような身体感覚を得ています。

一撃必殺をめざす打撃の稽古会と聞くと、さぞかし猛者ばかりが集う近寄り難い道場という印象を持たれるかもしれませんが、入門者は実はこのシニアと呼ばれる層が最も多い

フック系の打撃をテーマとした日の秀徹稽古会参加者達。稽古後、藤原代表は自らの打撃の威力に手の皮が剥けてしまったという。

のです。また武道・格闘技愛好家のみならず、スポーツ愛好家、施術に携わる方、身体を強く健康にしたい方、実に多種多様な会員が集っています。

秀徹のアプローチ

武道・格闘技実践者はお分かりでしょうが、実はこの威力を上げるというのは大変に難しいものです。劇的に効果が出るメソッドというものはなかなか見当たらず、試行錯誤し悩んでいる方が非常に多いことでしょう。

秀徹の稽古会においては、地道に稽古を続けている会員さんは皆さん一様に、明らかな打撃力アップを実感しています。また先程挙げたような武道家以外の会員さん達は、腰痛や肩こりがすっかり治った方、二日酔いになりにくくなった方、疲れにくくなった方、スポーツのパフォーマンスが劇的に上がった方など、色んな反響を頂いております。

身体がどんどん変化していく、秀徹ではいったい何をやっているんでしょ

秀徹の身体アプローチの初歩

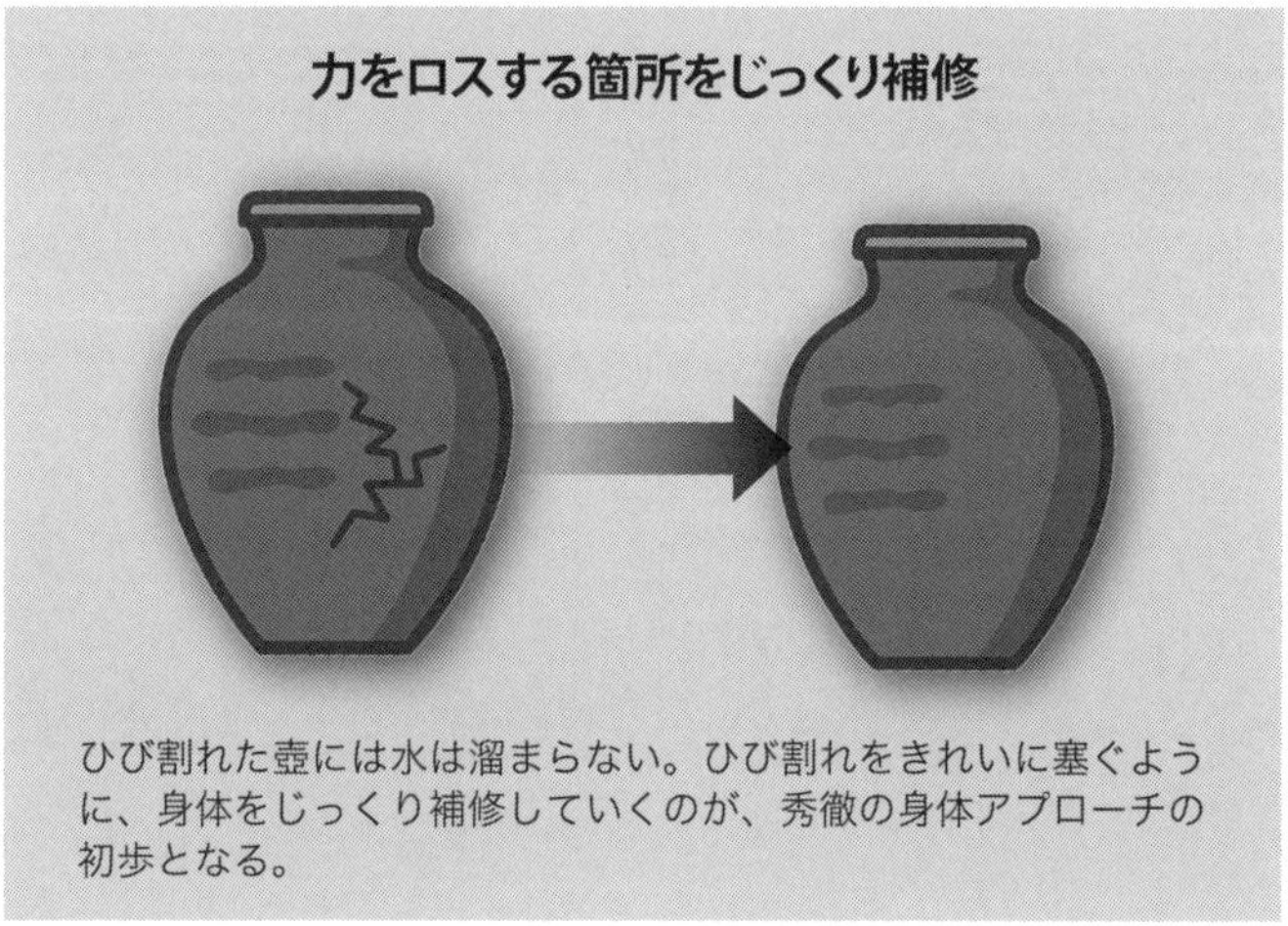

ひび割れた壺には水は溜まらない。ひび割れをきれいに塞ぐように、身体をじっくり補修していくのが、秀徹の身体アプローチの初歩となる。

う？　メソッドの一端を本稿にて、ご紹介させて頂きます。

身体構造の欠陥

多くの方のアプローチは足し算か引き算になっています。強い打撃を生むために必要な要素を次々付け足そうとします。例えば、重心移動（重心変化）、各パーツの筋力を補強、骨格的アプローチ、スピード強化、身体の連動、などなど。やるべき事は膨大です。

また、引き算のアプローチもあります。脱力により、力の伝達のロスを極力無くしていく。さて秀徹のアプローチは、足し算とも引き算とも少し異なっており、「補修」からの「補強」という表現がピッタリかもしれません。

「補修」「補強」という表現からはあまり積極的な印象を受けないかもしれませんが、実はこれが抜群に効果的なんです。

私がよくたとえて話をする事ですが、ひび割れた桶に水を注いでも、その水の勢いをどれだけ増しても、水が漏れている限りなかなか水は溜まりません。まずはひび割れをきれいに塞ぐことで、最小限の水量でも効率的に水が溜まります。

人間の身体の構造はもちろん、長い歴史を経て見事に完成されたものです。ここで欠陥と申し上げているのは、あくまで「威力を出す」という目的のみを考えたときの欠陥、という意味であることはあらかじめお断りしておきます。「威力を出す」という行為は、我々人間にとっては不自然な行為であるという事です。

我々の身体構造を見ると、小さな力から大きな力を生み出せるような構造があまり見当たりません。

力をロスする箇所をじっくり補修していくのが、秀徹の身体アプローチの初歩となります。

その最重要ポイントが、肚、腰、いわゆる体幹部です。

呼吸からの発見

どのようにしてこの身体操作を発見したのか、とよく質問を受けます。これまで空手、ボクシング等、色々学びセミナー等にも積極的に参加してきました。もちろん書籍や雑誌、DVDもたくさん購入しました。その中で、秀徹ほど「伸びる」ことに強く拘る身体操作には、私はこれまで出会ったことはありませんでした。

その気づき、発見の決定打となったのは、「呼吸」について検証しながら独自に型の稽古をしていた時の、とある気づきでした。今でも、秀徹身体操作の一番の肝は「呼吸」であると言い続けている理由です。

詳細はここでは触れられませんが、そこから派生して「伸びる」身体操作の検証が始まり、秀徹立ち上げ前に感じていた「仙骨が入る」「大腰筋・腸腰筋の操作」といった感覚が飛躍的に変化していくことになりました。

体内深層筋の操作

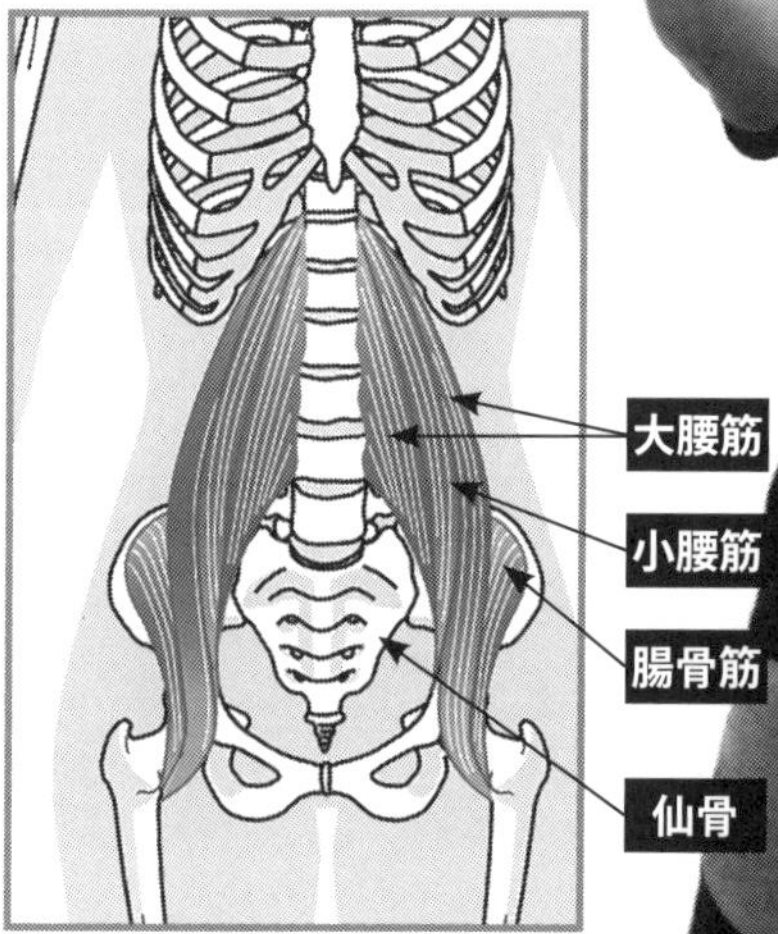

藤原師はかつて独自に型を稽古していた時、呼吸や仙骨、大腰筋、腸骨筋の操作といった「体幹部」の重要性に気付き、その重要ポイントの強化に段階的に取り組めるカリキュラムをまとめていったという。

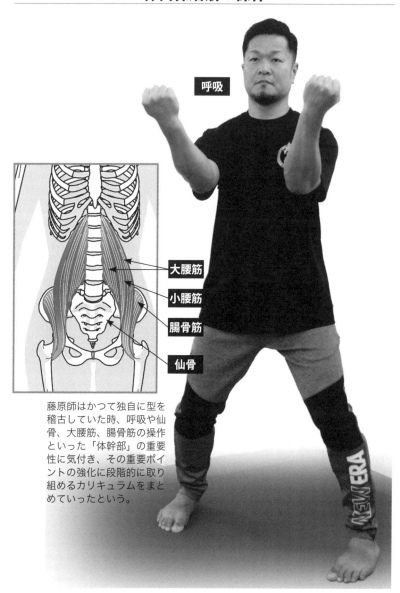

そうして入り口となる、身体操作としての「伸びる」が確立していきました。

「伸びる」ことの意味

当初は誰もが知る空手の有名な型を検証材料として取り組んでいたのですが、私の感覚としては、型の動きから各々が呼吸などの概念を汲み取るのは難解である、また誤解しやすい、と感じました。

そこで、段階的な指導カリキュラムの作成の必要性を感じ、「呼吸」「仙骨」「大腰筋」といった難解なポイントに至るのに、まず迷う事なくシンプルに取り組めるものとして基本の第一、「伸びる」姿勢の鍛錬を確立しました。

「伸びる」目的はまず、体内深層筋を効率的かつ強く使えるための最初の準備です。私

「伸びる」姿勢の体操と鍛錬

寝て伸びる

床に接した後頭部と踵の距離を全力で引き伸ばす。息を止めずに、大きな深呼吸10回くらいを目安に。伸びることで、身体のまとまりが強化される。

壁で背伸び

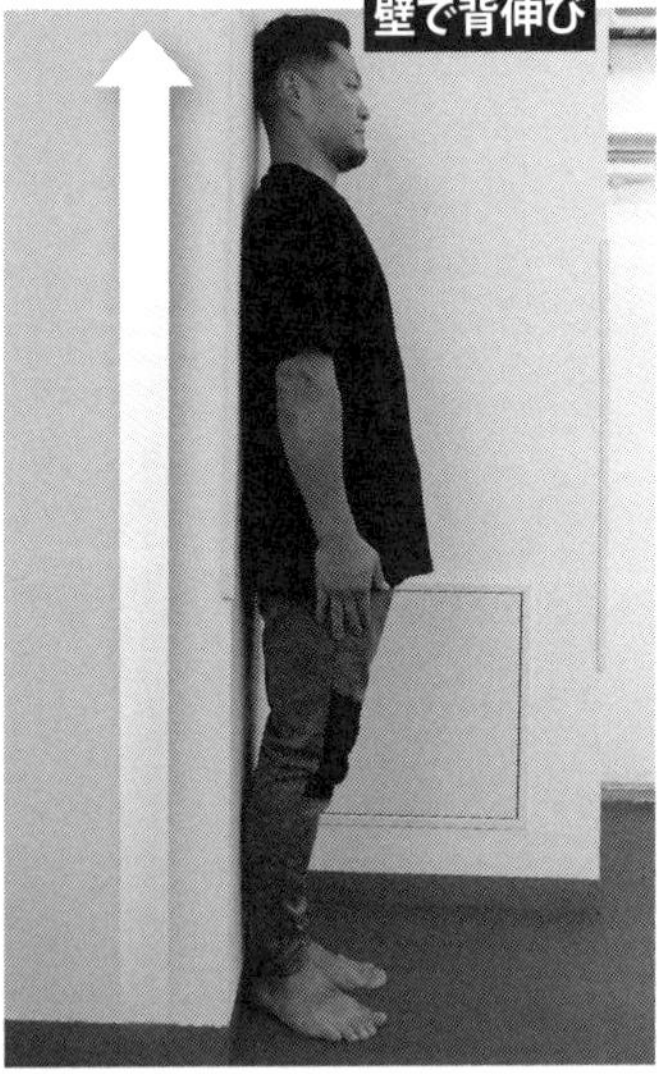

踵・お尻・背中をぴったりと壁につけ、全力で身長を伸ばすように身体を上に伸ばす。身体の中に独特な筋肉の働きが生まれる。

軸感覚の養成

背筋をまっすぐ上に伸ばし、手は下に下ろしていく。反対方向の力を感じながら、丁寧に力を加えていくと、上に伸びる感覚が明確になる。

は今でも自宅での鍛錬には、この「伸びる」姿勢を欠かさず組み込んでいます。

最初の入口としてはこの「伸びる姿勢」を徹底的に取り組んで頂くことをお勧めします。なぜ強い力が出るのか、それを説明しようとすると、実は、人体のバランス構造、深層筋、骨格、呼吸など、膨大な内容に触れる必要があり、また、体感がない方に言葉で説明することはむしろ弊害になったりします。

ですがご安心ください。その原理を理解しようとする前に、まず正しく「伸びる」行為に集中し稽古を重ねていくと、自然に強い力が湧き出てきますし、生じる変化から自然と、原理も理解できるようになっていきます。

「伸びる」ことの難しさ

さて「伸びる」大切さをお伝えしたとしても、これがなかなか難しいということを最初から理解して頂けるケースはほとんどありません。

皆さん、背伸びをするような、簡単な健康体操のようなイメージをお持ちかと思いますが、ここでひとつお試しください。身長を測るような姿勢で壁に背を付けて立ちます。踵、お尻、背中上部（肩甲骨の間あたり）は、壁から離さないようにしてください。

そのまま全力で身長を伸ばすように身体を上に伸ばします。はい、これ自体は難なくできると思います。

しかしその伸ばし方では不十分です。あと1センチ、いや5ミリ、1ミリでも結構ですので身長が伸びるくらい全力で伸ばしてください！

このまま10呼吸くらい伸ばし続けてみてください。どうでしょう？　かなりハードだったかと思います。

さてこの時、どのくらい身長が伸びましたか？　1センチくらい伸びた方はいらっしゃいますか？　多分いないですよね！

また、どの筋肉をどのように緊張させたのか、背骨の形はどのように変化したのか、それを分析してみても簡単に説明することはできません。実はかなり複雑な動きであることが分かります。

「伸びる」とは見た目もさほど変化せず、内部の動きも分かるようで分からない、そんな悩ましい動きなんです。

「伸びる」基本

「伸びる」動作を学ぶ基本中の基本をご紹介します。この検証により、正しく伸びる姿勢と、それによって生じる効果を簡単に学習することができます。寝る前のちょっとした時間にできる体操ですので、是非一度お試しください。

①床に仰向けに寝転びます。
②足を軽く閉じ（ピタッと閉じなくても自然な感じで結構です）膝を伸ばします。
③つま先を反らし、踵を強く突き出すようにします。
④床に接した背中上部と足の裏の距離を全力で引き伸ばすように力を入れます。
＊このとき腰の形や背骨の形を変に意識してはいけません。ただひたすら背中上部と足の裏に集中してください。

⑤伸びたまま、呼吸は大きく自然に繰り返します。

たったこれだけの体操ですが、いかがでしょう？ 結構ハードじゃないですか？ 思い切り全力で伸びるというのは、集中してやるとこれだけハードな動きであります。

呼吸は大きくゆっくり、というのは大切なポイントです。吸う時は伸びやかにリラックス、吐く時に強く伸びるようにします。腹式、胸式等の意識はせず、シンプルにやってください。

さきほどの検証で、壁に背をつけて伸びて頂きましたが、これはそれを寝てやっているだけです。

しかし、立位でやるよりより伸びる方向に集中でき、また、不要な筋肉が緊張することを極力避けることもできます。

眠る前に、ちょっとした時間でできる運動ですので、是非お試しください。ぐっすり深く眠れるという効果もあるかもしれません！

秀徹鍛錬のポイント

秀徹鍛錬の重要なポイントを分類すると、ざっと次のようになります。

①伸びる／②背中／③肚／④軸

この四つが、基本を理解するうえで大切なところです。

①はこれまでにご説明したので割愛し、②以降についてごく簡単に触れておきましょう。

ポイント②【背中】

体を支え、背中の自然なS字カーブを維持するため、要となる背筋群に最低限の締めを作っておくことはもちろん大切ですが、あまり背中を強調し過ぎないように注意します。

背中は意識を集めやすいため、これがいきすぎると、反りすぎたり、骨盤を前傾させ過ぎたりしてしまいます。

仙骨が入る感覚というのは、背中と肚とが統合的に使われる結果の現象です。

背中は大切な要素ですが、それだけでは爆発的な威力にはならない、という事は念頭においておきましょう。

ポイント③【肚】

背筋群に力を集約している事は、実は皆さん簡単に意識することができます。何故なら、表面に近く意識して動かす事もできる部分ですので、ここを動かすのにさほど苦労するという事はないからです。

さて、肚の方はどうでしょう。ここで「腹」と書かずに「肚」と表現しているのは、私の個人的なニュアンスの使い分けです。

「背中」鍛錬

手を後ろに組んで正座となり、相手に胸の真ん中を押してもらう。前に抵抗するのではなく、上に伸びる力を最優先に働かせる。慣れてきたら、膝が浮かないよう、お辞儀ができるように鍛錬を深めていく。

「肚」鍛錬

足を真横に開きつま先立ちの中腰となる。力を入れにくいこの姿勢で、全力で相手を押し返すことで、大腰筋を鍛錬していく。

腹というと腹直筋等、一般的に皆さんが意識できる腹筋群が想像されますが、私が重視しているのは、触れられない、意識できない、腹の奥深くにある筋肉群です。奥深く、とは具体的に言うと、内臓より背中側にある、背骨のすぐ側を通るインナーマッスル、とりわけ重要なのは大腰筋です。それを「腹」と区別して「肚」と表現しております。背中と違って、ここはなかなか意識できず、動かすこともできず、鍛錬が非常に高度になってきます。

ポイント④【軸】

軸がある状態とは、背中、肚、頭部、はじめ全身が釣り合い整うことで、重力に正しく抗い立つことができている状態です。

元々私は、この「軸」という概念に興味があったわけでもなく、ただただ強い姿勢を追求していただけなのですが、型の鍛錬の最中、ふとした時に、縦の線の感覚をリアルに感じるようになり、後付けでそれを理論化していきました。

「軸」の鍛錬

背中と肚を個別に鍛える段階を経て、背中と肚を統合的に使えるようになると軸感覚が生まれてくる。写真は足を前後に開いた姿勢で棒を押し合う鍛錬法。身体を前に出すのではなく、手を前に出す。軸ができた姿勢だと、腕の力を用いずに、相手を浮かすように動かすことができる。

打撃での威力の検証

パンチに軸の感覚を盛り込むことで、相手により貫通力を与える打撃となる。パンチが相手に当たった直後に、軸に沿って真っ直ぐ身体を落下させる。パンチの方向と落下の方向が90度交差することで、相手は衝撃を受け止めることが難しくなり、打撃に貫通力が発揮されていく。

どう立っても身体が地面に重く刺さったような感覚になり、技の威力が劇的に高まります。そして、ただ立っているだけで、それが深い鍛錬となるような身体になってきます。

秀徹の基本

基本とはいえ、これを全て完全に理解するには実は結構時間を要するかもしれませんが、取り組んでみれば何かしらの効果、変化はすぐに現れると思います。

技の威力から話は逸れてしまいますが、先に上げたように、秀徹の会員さんには腰痛がすっかり治ったという方が何人もいらっしゃいます。私自身も実はその一人です。以前は年に一～二回、必ずギックリ腰で動けなくなる日があったのですが、この身体操作を取り入れてから一度も発症しておりません。不思議なものです。実生活においては、威力が上がることよりむしろ、こんな事の方がありがたいことかも知れませんね。

その後は、その身体を動ける状態にしていく必要があります。ちょっと動いたら崩れる、そしてまた基本に戻る、それの繰り返しです。稽古会では現状、皆さん、この辺を行ったり来たり試行錯誤しています。

さらに鍛錬が深くなっていくと型の鍛錬を通じて、呼吸等を徹底的に練っていき、どう動いても強烈な威力が出るような身体を練り上げていきます。

一撃必殺を追求する過程で発見した身体操作が、武道や格闘技のみならず、スポーツや健康にお役立ちできることを実は楽しみにしております。

「自分の身体がこれまでと同じに思えないような進化を遂げ、元気に強くなっていく!」

そんな興奮を少しでも多くの方に感じて頂けたら嬉しいです!

DATA

◉秀徹® https://shutetsukaratedo.com/

第2部

姿勢・

PART 4

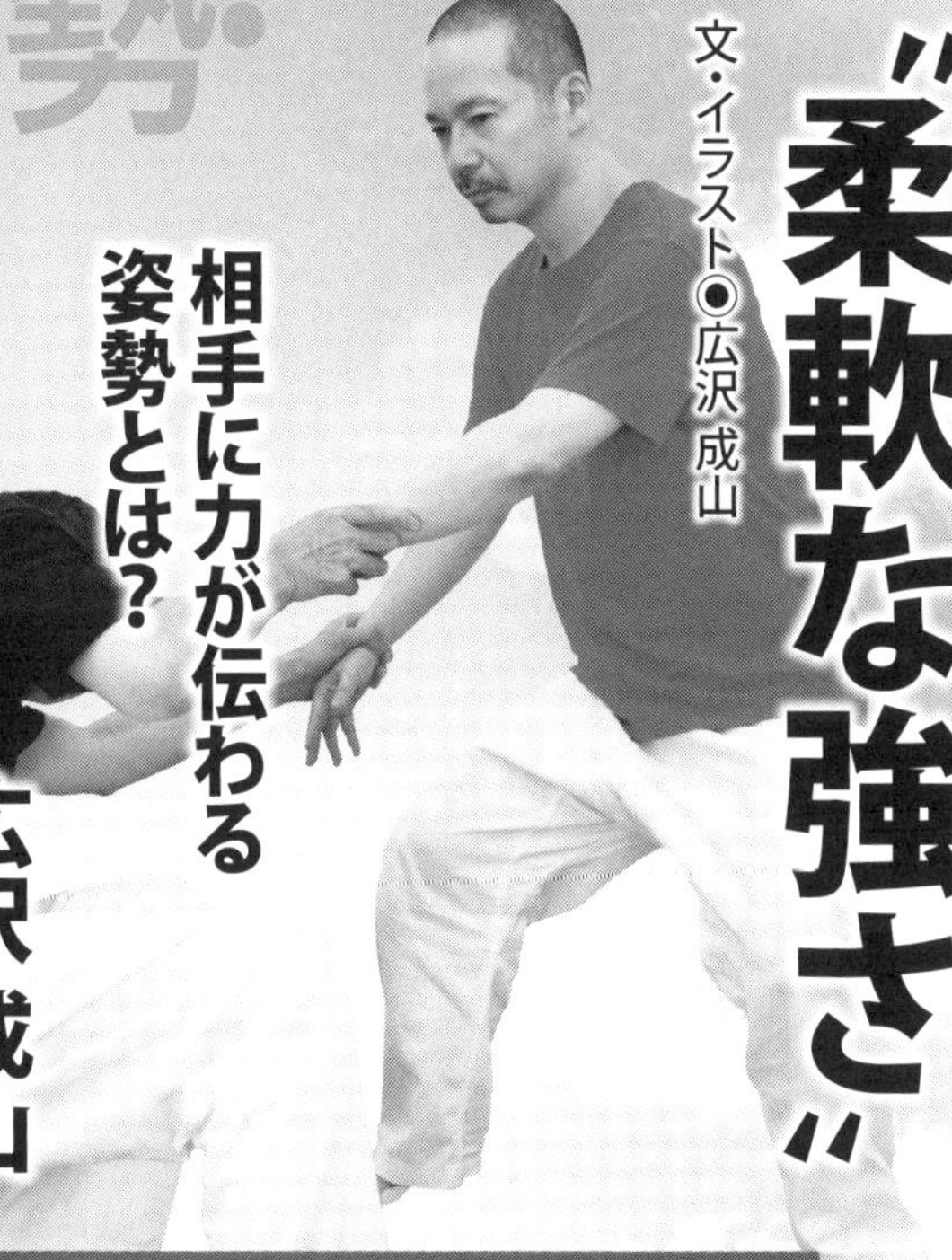

イメージする力が生み出す "柔軟な強さ"

文・イラスト◎広沢 成山

相手に力が伝わる姿勢とは？

広沢 成山
豊和会道場長

Hirosawa Seizan

八光流柔術皆伝師範、鍼灸師、皇法指圧師。1970年生まれ。高校時代に少林寺拳法、大学時代に中国武術を学ぶ。そして、1993年、大学4年のとき、八光流柔術に出会い入門。1999年、八光流柔術師範になる。2000年、皆伝・基柱師範を取得。2009年、八光流柔術の稽古会をスタートさせ、2010年、千葉県の馬橋にて道場を開く。現在、「八光流柔術豊和会」を主宰し、千葉・東京・神奈川で指導している。著書に『「正しい脱力」講座』『「肩の力」を抜く！』『「動き」の新発見』、DVDに『「力の抜き方」超入門　脱力のコツ』『「力の最適化を目指す」超入門　丹田のコツ』（全てBABジャパン）などがある。

カタチを真似ることの意味

武道において姿勢がとても重要であるということは、皆さん理解していると思います。しかし、「正しい姿勢とは何か」という問いに明確に答えることはなかなか難しい。なぜなら、武道の各流派において要求される姿勢が全て同じであるということはなく、少しずつ、または流派によっては全く違う姿勢を要求されることもあるからです。

型というのは、その流派が要求する代表的な姿勢や動きを抽出したものです。だからこそ姿勢を見れば、その流派の風格が自然と見えてきます。姿勢を学ぶ上ではカタチを真似るというのはとても大事ですが、気をつけないと目に見えるカタチに惑わされて本質を見失うということも起きてしまうので、注意が必要です。

どんな姿勢をつくるにしても、重要なのは動きの質が向上するかどうかという点であり、それには外見だけをコピーすればOKということにはなりません。実際、見本となる姿勢を外見上完璧にコピーしたからといって、同じような技ができるのかと言えばそんなことはありません。

姿勢における大事な部分は「見えない」部分にある

ひとつ実験してみましょう。まっすぐ立った状態で、頭のてっぺんから地面まで焼き鳥の串のようなものが貫いているとイメージします。次に串を身体の中ではなく外側の背中にくっつけてまっすぐ立ってみます。この二つは見た目はほとんど変わりませんが、見た目が同じであるならば同じ姿勢であるといえるのでしょうか。

では、二つの姿勢を、身体を動かして比較してみましょう。両手首をつかまれた状態で、まず最初は身体の中心を貫いた軸を使って左右どちらかに回してみて、力の入り具合や相手とのぶつかり具合をよく感じてみてください。次に、軸を身体の外の背中にくっつけて同じように身体を回してみます。やってみると身体の中心に軸がある時よりも軽い力で身体が動き、相手も簡単に崩れると思います（写真「軸の位置の違いによる変化」）。

軸の位置が違っても同じ姿勢

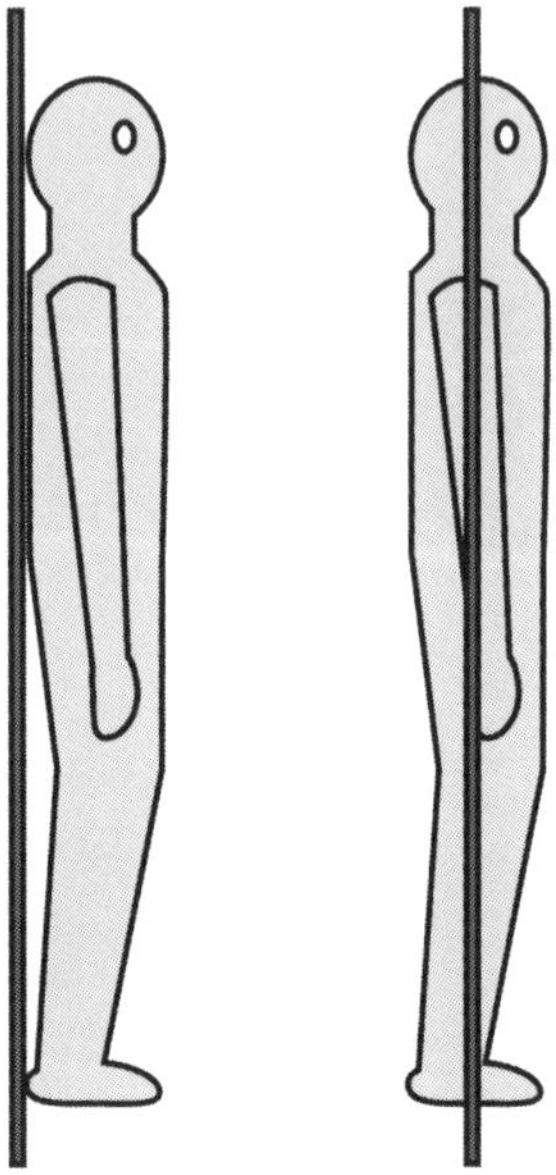

身体の軸のイメージが違っても見た目の姿勢は変わらない。

軸の位置の違いによる変化

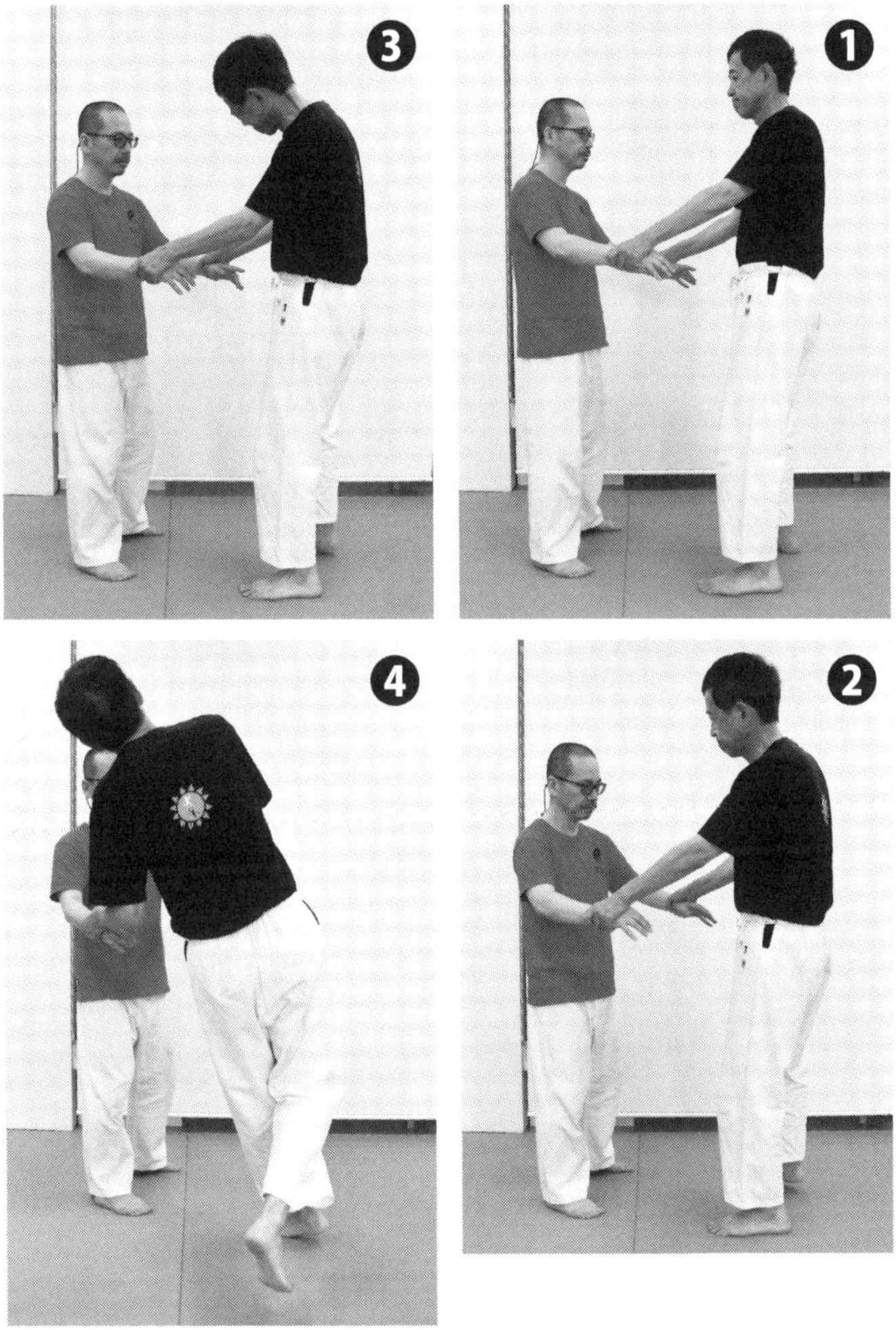

①両手首をつかまれた状態で、軸が頭のてっぺんを貫いて真っ直ぐに身体の中を通っているとイメージしながら、②身体を右に振ると、相手と力がぶつかってしまい、崩すことができない。同じく両手首をつかまれた状態から、③④今度は軸が身体の外の背中にくっついている形であるとイメージしながら、身体を右に回すと、より軽い力で相手を崩せることが体感できる。

生卵とゆで卵

ゆで卵＆生卵ブラザーズ

二つの軸の違いを、でんでん太鼓ような運動を一人でやって比較してみます。身体の中心を貫いた軸で身体を左右に捻っているのと、背中に軸を通した方で捻っているのとでは、動き自体が同じでも身体のリラックスや緊張の感覚が全然違うのがわかると思います。この実験からわかるように、いくら見た目が同じ姿勢であったとしても、身体のイメージや内部感覚が違えば中身は違うものになります。

例えば、テーブルの上に卵が二つ並んで立っていて、どちらが生卵でどちらがゆで卵かわかるでしょうか。当然見た目が同じである卵をいくら見ても違いはわかりません。でも、卵をテーブルの上で回転させて指一本で回転を一瞬止めてから指を離すと、ゆで卵はそのまま回転が止まりますが、生卵は再び回

回転椅子で動く

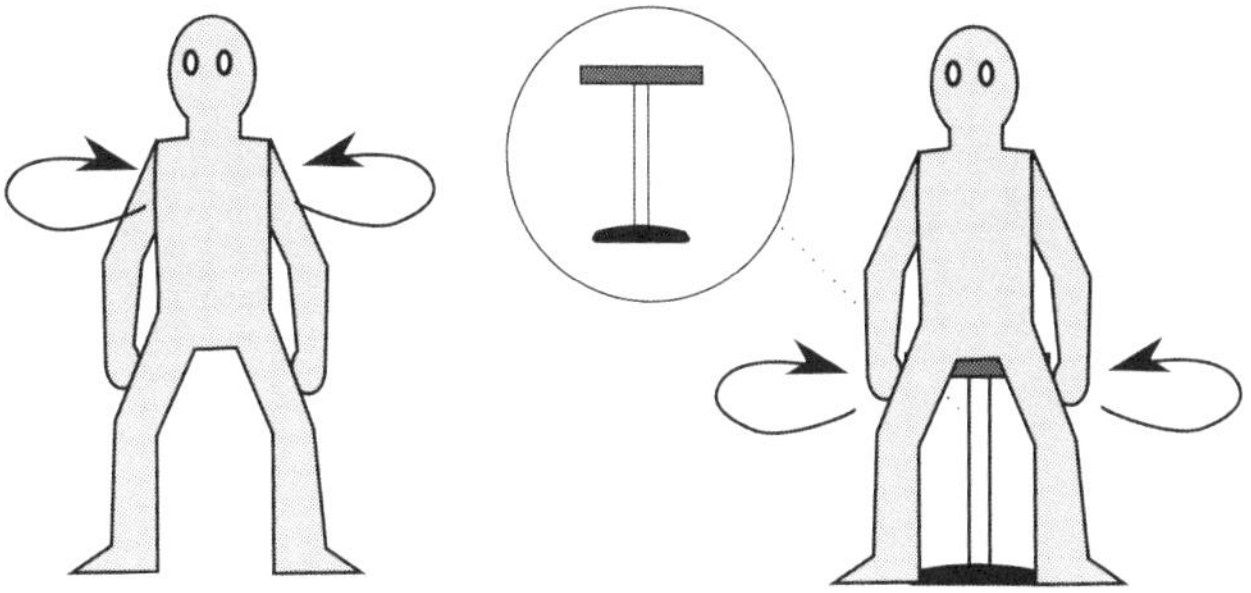

上半身のイメージでも下半身（椅子）のイメージでも見える動きは同じ。

転しはじめます。このように動きを加えてみると、その違いがハッキリと現れますが、見た目のカタチだけでは、その違いを判断することは難しい。実は、姿勢において本当に大事な部分は「見える」部分ではなく、「見えない」部分に多く隠されているのです。

別の方法でも実験してみましょう。先ほどと同じように、両手首をつかんでもらった状態で上半身を意識しながら身体を回してみます。次に、自分のお尻の下に丸椅子があって座っていることをイメージして、その椅子が回転しているイメージで身体を回してみます。上半身を意識した時に比べて椅子の回転をイメージした方が、軽く身体が動いて手首

椅子が回転しているイメージで動く

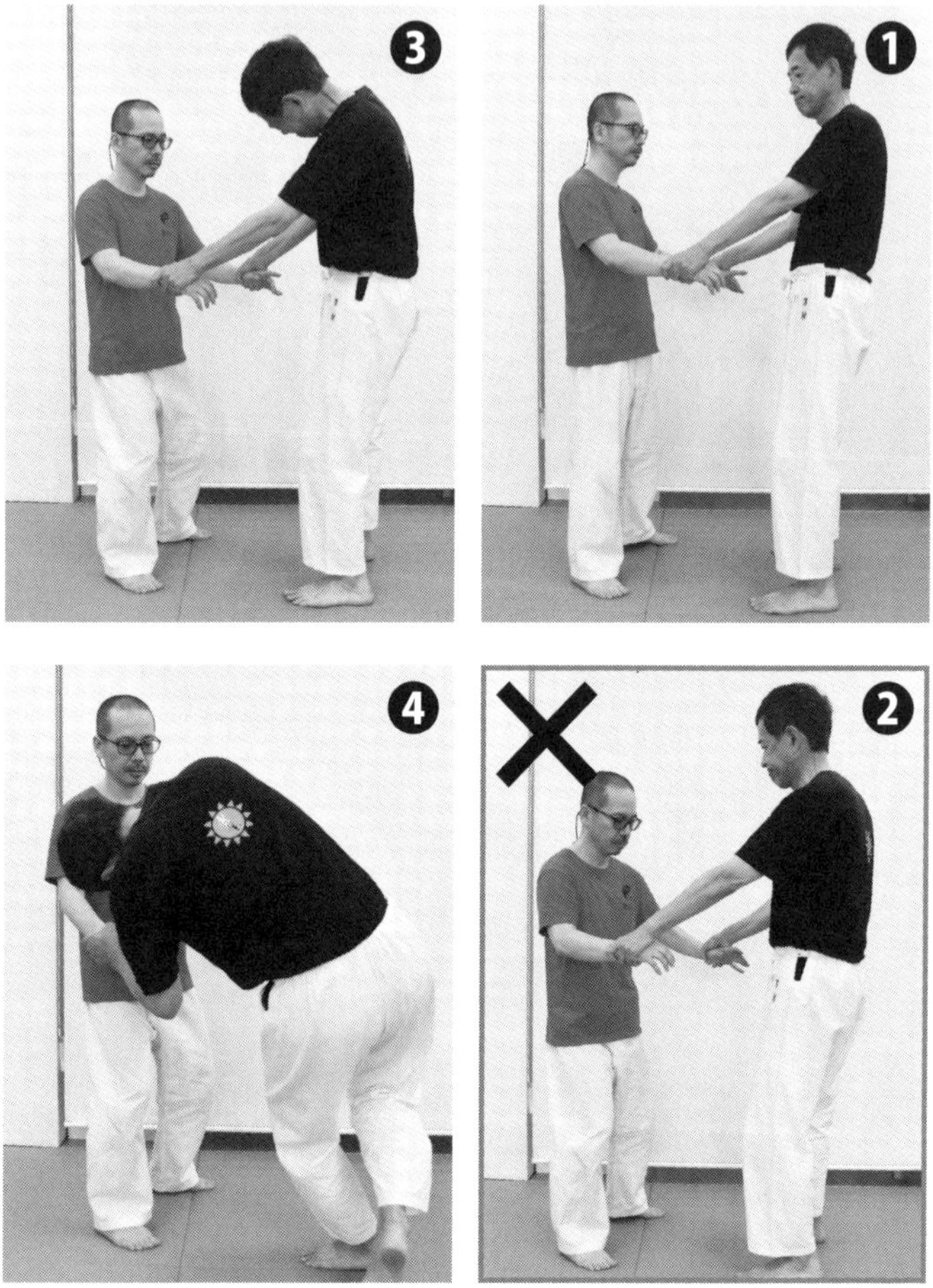

①両手首をつかまれた状態から、②上半身のみを回旋させようとすると、相手の力とぶつかってしまい、相手は崩されない。
同じく両手首をつかまれた状態から、③④自分が椅子に座っていて、椅子が回転するとイメージしながら、その椅子の動きを利用するように身体を回旋させると、相手の力とぶつからずに、相手は崩されてしまう。

「上半身から動かそうとする力と、下半身から動いてくる力とでは、相手への影響が大きく違ってくるので、全く同じような動きに見えても、動きの起点やイメージが違えば、実際に運動する中身というのは変化します」と広沢師は解説する。

をつかんでいる人も簡単に崩れたと思います（写真「椅子が回転しているイメージで動く」）。これも先ほどの実験と同じように、二つの姿勢と動きは見た目だけだったらほとんど同じなのに、実際には似て非なるものになっているのです。

安定した姿勢とは不安定な状態を上手に維持し続けること

今度は、両手首をつかまれた状態でまっすぐ手を伸ばして相手を押してみましょう。この時、相手が押し返されて崩されないように耐えていれば、こちらは両足を踏ん張ってしっかり押すことになると思います。しかし、この両足を踏ん張っている姿勢というのは果たして「強い姿勢」でしょうか。

そこで同じ動きを片足でやってみます。すると、片足になって相手を押した方が簡単に相手が崩れるのがわかります。二本の足で踏ん張っていたものを一本の足にするのですから、出せる力は単純に考えれば半分になると思いがちですが、実際にやってみると二本の足よりも片足の方が相手を崩せる強い力を出せます（写真「両足と片足の違い」）。

これは、多くの人は「強い姿勢」というのを身体を固めることと思い込んでしまっているところに間違いがあるのです。固まった身体というのは、案外ちょっとした力を加えただけで全体のバランスが崩れてしまいます。

それに対して、片足立ちのような状態は身体が不安定になるので、バランスを取るために身体の各部位を緩めてバラバラにする必要があります。すると、あたかもビルの免震構造のように、受けた力を分散してバランスを保って立つことができるのです。

一つだけの大きな積み木は、どこか一部分のバランスが崩れれば倒れてしまいますが、複数の積み木が重なっている場合は、どこかの積み木がズレても他の積み木が動いて全体としてのバランスをとり続けます。要は、強くて安定した姿勢というのは固まった状態ではなく、むしろ不安定な状態を上手に維持し続けている状態の方なのです。

両足と片足の違い

⑤そして、片足での身体の使い方、力の出し方を維持したまま、両足立ちの状態になって押し込むと、相手を崩すことができる。

①両手首をつかまれた状態から、②両足で踏ん張りながら相手を押し込もうとすると、相手と力がぶつかり、相手に踏ん張られてしまう。③片足立ちになって、④押し込むと、相手を崩すことができる。これについて、広沢師は以下のように解説する。
「両足で踏ん張っている時は、身体全体が一つの塊のような状態になりやすく、相手からの反発する力を全身で受け止めてしまいます。しかし、片足になることで身体が不安定になると、身体の各部がバラバラになりながらバランスをとろうとするので、相手からの力もうまく分散しながら受け止められます。その結果、相手を楽に押し込むことができるのです」

ひとつの積み木と沢山の積み木

固まりはすぐに崩れるが、分離していればどこかがズレてもバランスを保てる。

片足の揺らいでいる感覚で相手を上手に崩すことができたら、再び二本の足で立って最初と同じことをやってみます。今度は自分の身体は固まっているのではなく、片足の時のようにゆらゆらと揺れてバランスを取っているというイメージになっていれば、先ほどと同じように両手首をつかまれた状態で手を伸ばしても、片足立ちの時と同じように相手が簡単に崩れます。

両足で立っている姿勢は最初も最後も同じですが、姿勢を「固めている」とイメージするか「揺らいでいる」とイメージするかで、全く違うものに変化しました。こういった変化は、両足で踏ん張るというカタチのままずっと繰り返してもなかなかつかめない感覚ですが、あえて片足という本来のカタチから離れることで、逆に元々のカタチが求める本質にたどり着けたわけです。

柔軟な姿勢で「姿勢」を学ぶ

姿勢を学ぶというのは、どうしても目に見える部分にばかり注目するので、そこに拘りすぎてしまうことがあります。しかし、一つのことに必要以上に拘ったり気にしたりすると、逆に視野が狭くなることがあり、そういう状態を拘泥《こうでい》と言います。

そもそも姿勢という言葉には、物事に対する心の持ち方、物事への取り組み方という意味も含まれています。だからこそ、姿勢を学ぶ際にはどのような気持ちや心構えで学ぶかというところもしっかり考えなければ、どんなに見た目が綺麗な姿勢をつくっても、「仏つくって魂入れず」になってしまいます。

皆さんは、拘りの泥沼にはまらないように気をつけながら、素直で柔軟な姿勢で「姿勢」を学んでください。

DATA

◎八光流柔術 豊和会　https://www.houwa-kai.com/
◎あんころ猫の手（広沢成山師範ブログ）
　http://ankoroneko.blog115.fc2.com/
◎Ｘ「Dr.（読多ー）あんころ猫@脱力のプロ」
　https://twitter.com/ankoroneko

PART 5

日本古来の"勢い"の"姿"

和の伝統に培われたナンバの姿勢を獲得する！

取材・文◎加藤 聡史

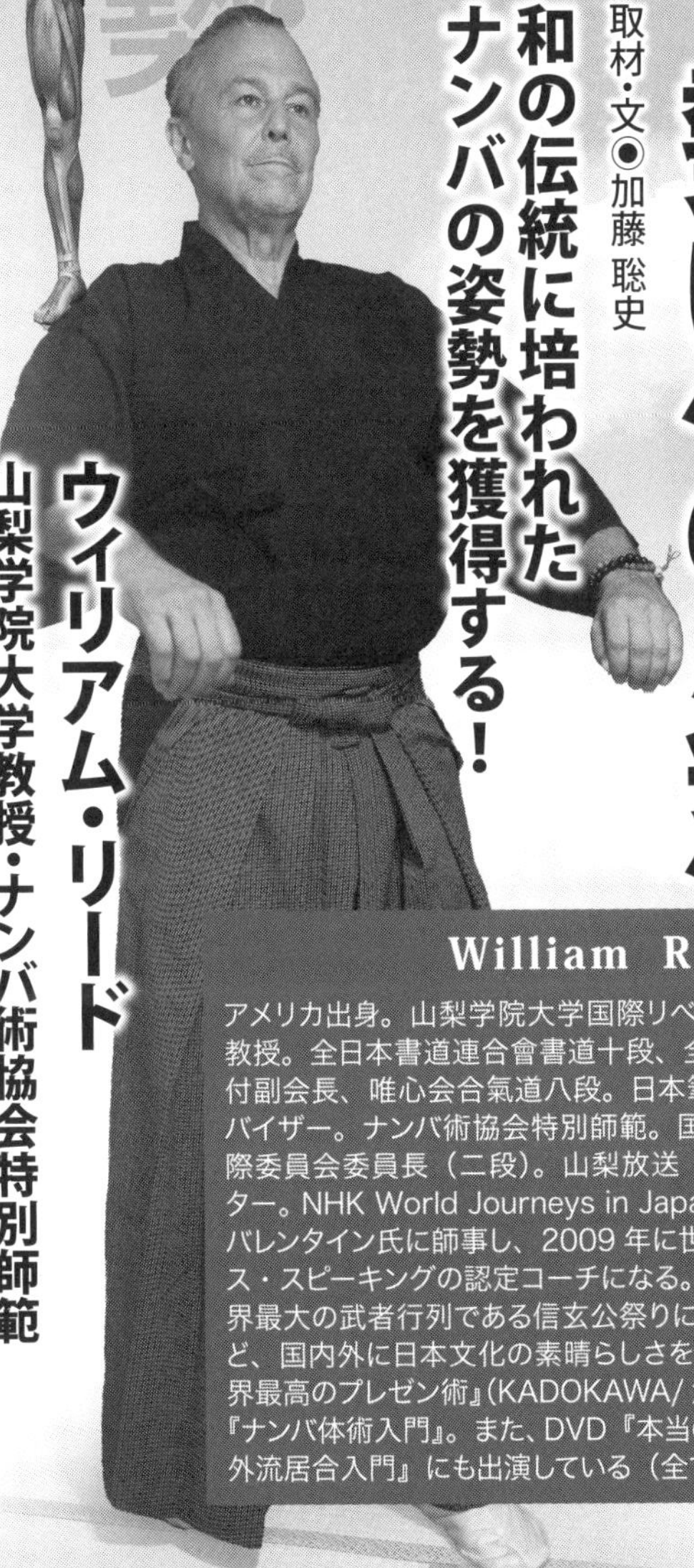

ウィリアム・リード
山梨学院大学教授・ナンバ術協会特別師範
書道十段・合氣道八段

William Reed

アメリカ出身。山梨学院大学国際リベラルアーツ学部（iCLA）教授。全日本書道連合會書道十段、全日本教育書道連盟本部付副会長、唯心会合氣道八段。日本筆跡診断士協会筆跡アドバイザー。ナンバ術協会特別師範。国際居合道連盟鵬玉会国際委員会委員長（二段）。山梨放送「てててTV」コメンテーター。NHK World Journeys in Japan リポーター。クレッグ・バレンタイン氏に師事し、2009 年に世界第一号のワールドクラス・スピーキングの認定コーチになる。また自ら手作り甲冑で世界最大の武者行列である信玄公祭りに留学生と共に参加するなど、国内外に日本文化の素晴らしさを伝えている。代表著『世界最高のプレゼン術』(KADOKAWA/ 角川書店)。代表作 DVD『ナンバ体術入門』。また、DVD『本当のナンバ歩き』、DVD『無外流居合入門』にも出演している（全て BAB ジャパン刊）。

姿勢とは文字通り「勢いの姿」

書道、能、狂言、居合、合氣道など数々の日本文化のベースとなっているのがナンバの動きである。それらの諸芸に通じ、ナンバに関してもナンバ術協会特別師範として、その普及に当たたっているウィリアム・リード師はナンバの姿勢について話を伺うのにまさにうってつけの存在であると言えよう。

「ナンバ歩き」の名称は一際メジャーになり知られているが、リード師によれば「ナンバ」は単に歩法に留まらず、考え方や身体との対話の仕方、当然姿勢や日常生活動作までを含むものだという。

「姿勢とは文字通り『勢いの姿』です」とリード師。一般的に日本人が姿勢について考える時、それは単に「地上で重力に抗し、バランスを取っている身体の形」であって、漢字一つひとつの意味合いまで汲み取ることは少ないだろう。しかし、外国人であるリード

力の湧き出る盤石の姿勢

「盤石の姿勢」がしっかり形成できていれば、座位の状態で胸を強く押されても（①）、膝下を両手で思い切り掬われても(②)、微動だにしない。

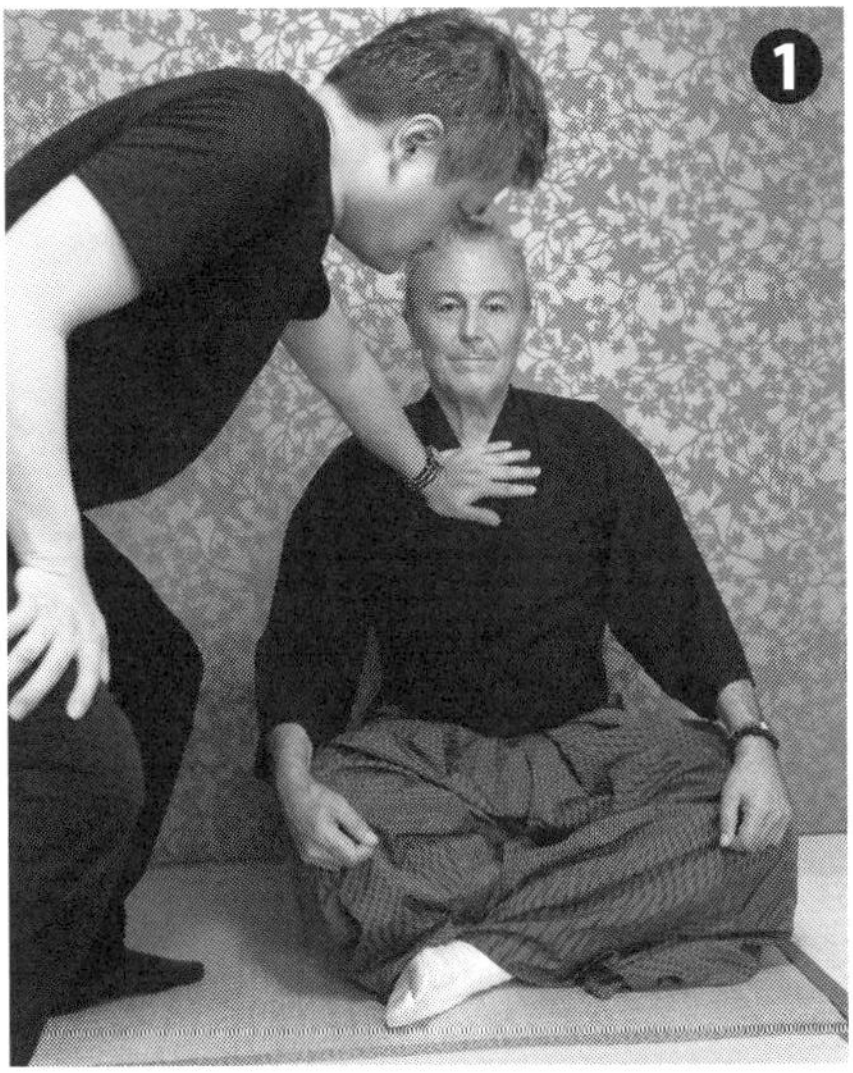

師にとって「姿勢」は文字一つひとつの意味合いから考えさせられるものだという。

「勢いの姿」と解釈すれば成る程、確かに概念的には理解しやすい。だが抽象的な概念に留め置くことなしに、実際に客観視したり自分で確認する術はあるのだろうか。

かつてリード師が来日して師事した合氣道家・藤平《とうへい》光一師の創設した「氣の研究会」には、「氣」のテストというものがあるそうだ。身体の安定性、そして湧き出る力の二つによって客観的に良好な姿勢を取れているかどうかをパートナーと確認する方法である。

「静止しているのに『勢い』?」と分かりづらい向きもあろうから、少々補足させていただく。かつて藤平師は「盤石の姿勢」という言葉を使った。文字通り外力によって微動だにしない姿勢である。だが、肝心なのは「動けない」のではなく「動かない」ことなのだ。いつでも動き出せて、動き出せば途轍もないパワーが出る。それが「盤石の姿勢」だ。この姿勢が取れていれば「押されても」「捥《すく》われても」びくともしない。

藤平師は「臍下《せいか》の一点」と言ったが、一般の東洋的身体観によるところの「丹田」を意識する。さらに「上虚下実」で上体を力みなくリラックスさせ、下半身は地面に根を張ったように充実した状態とする。

クッションで座りの姿勢をつくる

手頃な大きさのクッションを用意し、胡座ならば臀部と床の間に、正座ならば臀部と足の間に挟めば、初心者でも楽に正しく座れる。

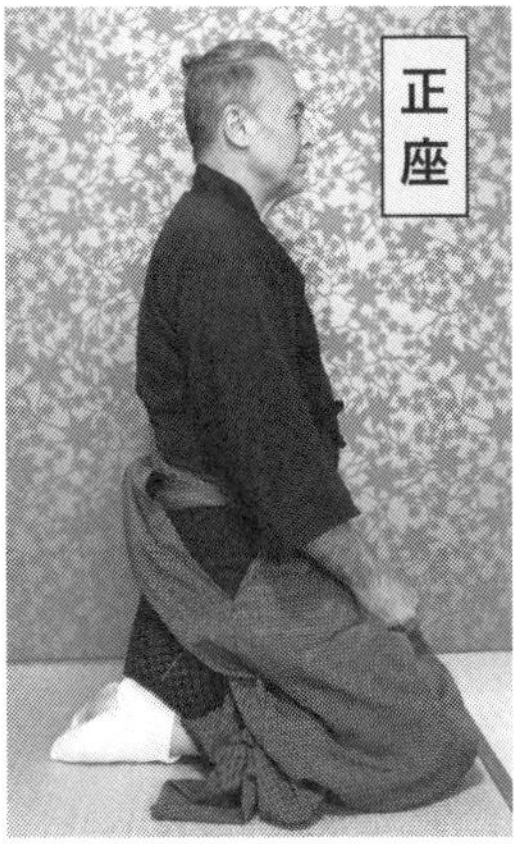

姿勢ができれば合気上げもできる

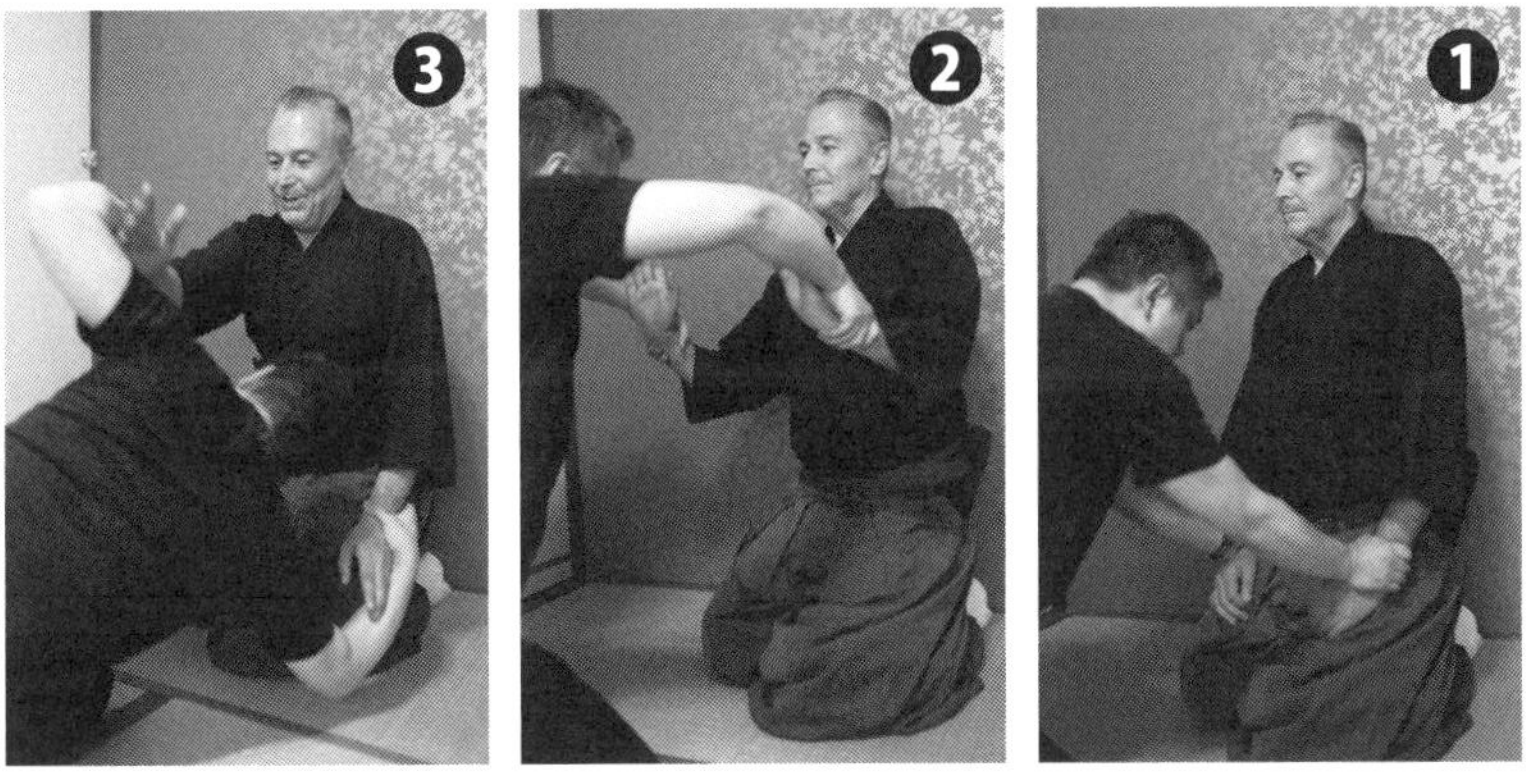

リード師によれば、座位の姿勢が正確に取れれば、それだけで自然に合気上げもできるようになるという（①～③）。正しい姿勢から湧き出る力を武道に応用した一例である。

三角形の土台

座位においては、座骨と両膝により形成される「三角形の土台」を作る。これは白隠禅師による座禅の法であり、かつて藤平光一師が説いた「盤石の姿勢」にも通じる姿勢の要訣である。

ベストポジションを探る

座位の状態で前後左右に身体を揺らし、最もバランスの良いスイートスポット、ベストポジションを探る。こうして安定した土台が得られると、上半身の抜いた力が丹田に入る。自身の身体と対話し、最善の姿勢を探るのがナンバの思想だ。

座位においては、座骨と両膝により形成される「三角形の土台」の上で、この姿勢を取る。この座法は白隠禅師による座禅の法である。座位を取ったら前後左右に身体を揺らし、バランスのスイートスポット、ベストポジションを探る。そうして安定した土台が得られると、上半身の抜いた力が丹田に入る。

姿勢が整えば呼吸も深くなる

姿勢というのは単に姿形に留まらず、呼吸や循環などの内的要素やメンタル面にも全て関連して影響する。試みに猫背になり、骨盤を思い切り後傾させて悪い姿勢を取ればどうなるであろうか。丹田からは力感が抜け、胸式呼吸になり、呼吸は浅く、頻回になる。声量も出ず、外力には非常に脆く、押されれば容易に倒れてしまうだろう。

これらの諸問題は良好な姿勢を取るだけで解決されるのだ。リード師が大学の教え子たちに一分間の呼吸回数を尋ねると、十五回ほどが平均だという。やや呼吸は浅く速いと言えようか。しかし、リード師が姿勢と腹式呼吸の指導を行うと、一分間に八回程度になるという。訓練すれば一分間に二～三回、さらには一回程度にまでなるそうだ。生物によって一生の脈拍・呼吸回数は決まっているという説があるが、そうだとすればリード師の言う「長い息は長生きに通じる」も頷ける話である。

ナンバは身体と対話する思想

「踏ん張らない」「うねらない」「捻らない」がナンバの三原則として知られているが、身体とよく対話し、心地よいところにポジショニングするのもナンバの思想である。

読者の皆様の現在の姿勢は座位か立位かあるいは仰臥位かは分からぬが、左右に捻転すればどちらか一方にしやすい方としにくい方の差は出るはず。この時、行きにくい方へ頑張ってトレーニングするのが鍛錬的発想だが、行きやすい方へ心地よい程度に動作を繰り返し、結果両方の可動域が改善するのがナンバの発想だとリード師は語る。療術家にはお馴染みの操体法にも通じる発想だ。

だが、日常生活、職業生活上ではバランスの取れた身体操作を継続するのはなかなか困難だ。たとえば長時間のデスクワークや、一方向への動作を繰り返すスポーツ及び楽器の演奏。これらは当該動作が終わった後も肩こり、腰痛、テニス肘、野球肘などになって影響が残る。これらに対してもナンバの姿勢で身体のチューニングを施すことで、悪影響を最小限におさえてパフォーマンスを向上させられるのだという。

いわゆる「良い姿勢」は良くない

現代人の日常生活は基本的に前かがみの姿勢で行われ、骨格的には可動域が確保されている後屈は、ほぼされない。老若男女問わず、一定の必ずしも良いとは言えない姿勢のまま固着しているような状態だ。俯いていると視野も狭くなり、護身や安全確保の点からもあまり褒められたものではないだろう。頭部の重さを五キロと仮定しても、これが常時傾いて首肩で支えざるを得ないというのも健康上良いとは言えない。

誰しも「良い姿勢」を求めてはいるのだが、多くの現代人にとっての良い姿勢の手本は行進での整列時のイメージだろう。踵を付け膝を伸ばし、胸を張って背筋を伸ばす……しかしながら、良い姿勢とは謳いながらも、この姿勢は非常に辛い。故に、長時間にわたる時は「休め」の姿勢がある訳だが、そもそも土台が安定し、上半身に力みのないナンバの姿勢ならば「休め」は必要ない。

かつて藤平師が陸軍戸山学校での睡眠時間を極限まで削る訓練において、次々と落伍する仲間たちと対照的に、馬上行軍や立哨《りっしょう》をやり遂げたエピソードをリード師は聞いたそうだが、それも眠りに落ちたとしても崩れない姿勢あってこそである。

正しい姿勢をつくる方法

座位での三角形の形成と共に意識すべきは、頭頂部の経穴「百会《ひゃくえ》」が天から釣り上げられている感覚だ。ただし、これのみで力みが抜けきらないと「気を付け姿勢」と似たようなものになってしまうので、同時に肛門と性器の間の経穴「会陰《えいん》」を少し引き上げてやるのが、良い姿勢を形成するコツとなる。これは中国武術の要訣とされる収臀提肛とも共通するが、「百会と会陰の間に一直線の軸をイメージするとやりやすいでしょう」とリード師。

立位におけるナンバの姿勢

「百会（頭頂部の経穴）」と「会陰（肛門と性器の間の経穴）」の間に一直線の軸をイメージし、さらに「百会」が天から釣り上げられ、同時に「会陰」を少し引き上げる感覚を持つ。なお、目線は地平線よりやや上となる。

×

現代人にありがちな俯き姿勢（左）や「気を付け」の姿勢は、肉体的にも精神的にも負担が大きい。

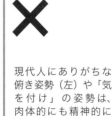

壁を用いた姿勢チェック

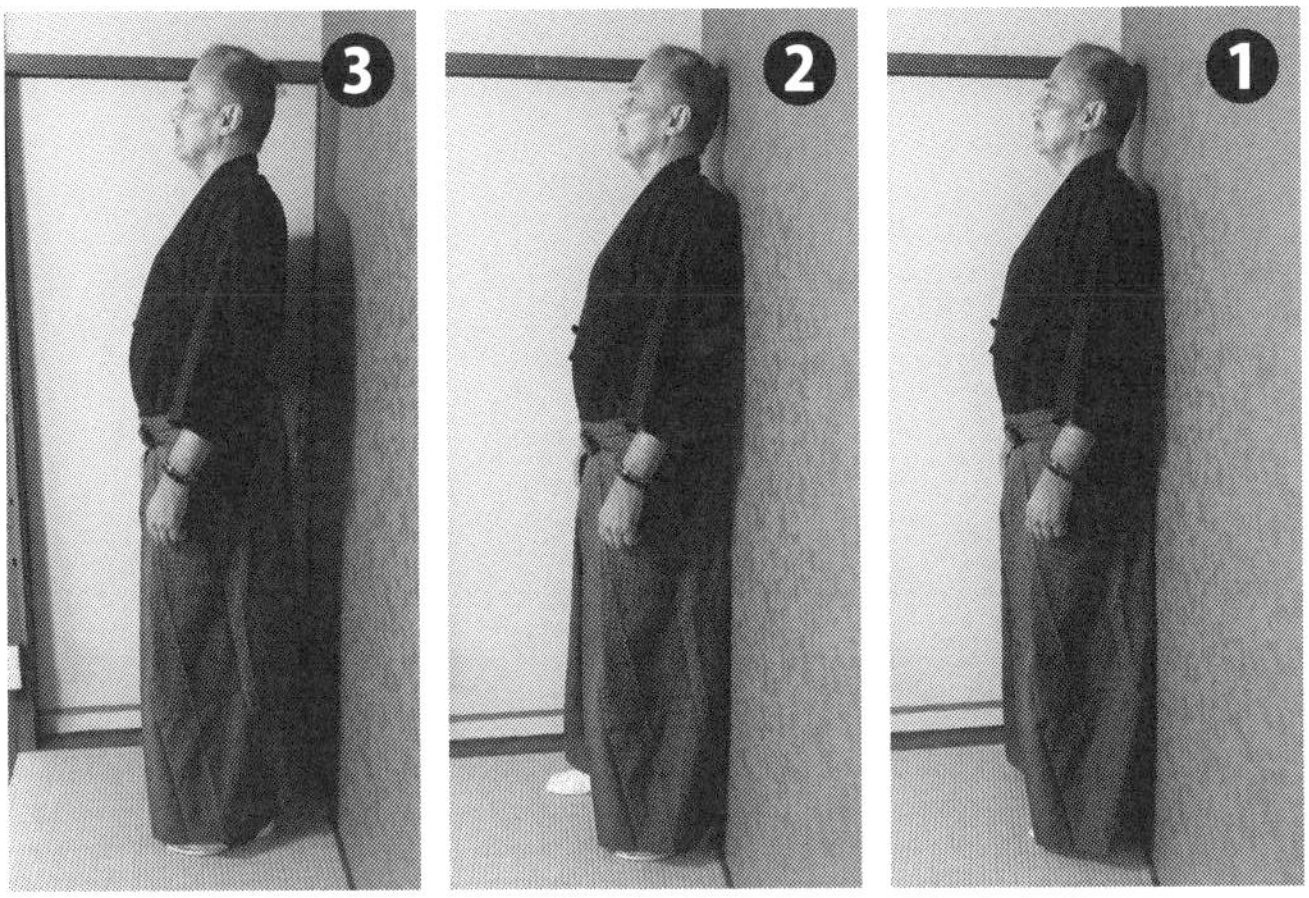

壁に後頭部と背中を付けて立つ（①）。このままだと、やや姿勢に反りがあるが、ここから半歩踏み出すと（②）、自然で楽な姿勢となる（③）。

ダンベルの重さを丹田に入れる

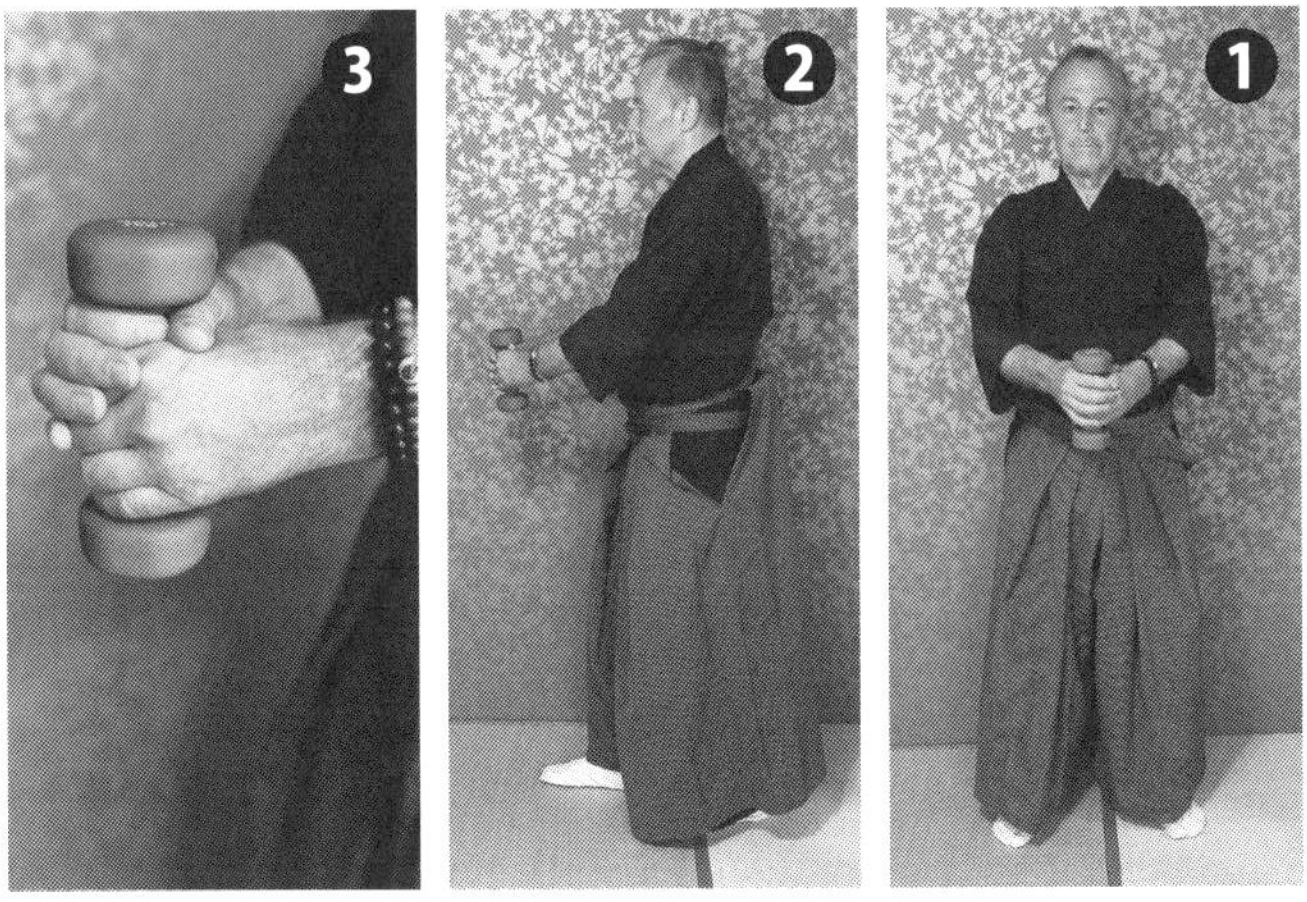

二キロ程度のダンベルを両手で持って立つと、ダンベルの重さが丹田に入って姿勢が安定する（①）。そのまま前に歩くのも有効な稽古だ（②）。③は拡大図。

狂言とナンバ

狂言の姿勢(①)から、摺り足で前にゆっくり進む(②③)。狂言の動きは「踏ん張らない」「うねらない」「捻らない」というナンバの三原則に合致したものであり、これもナンバ歩きの一種と言える。日本古来の身体文化の結晶である狂言の稽古は、ナンバの姿勢を習得するのに非常に有効であるとリード師は語る。

狂言の姿勢の両腕を閉じようと外から力を加えても、まるで鉄の輪のように閉じられない。これも筋力ではなく、「姿勢の力」である。

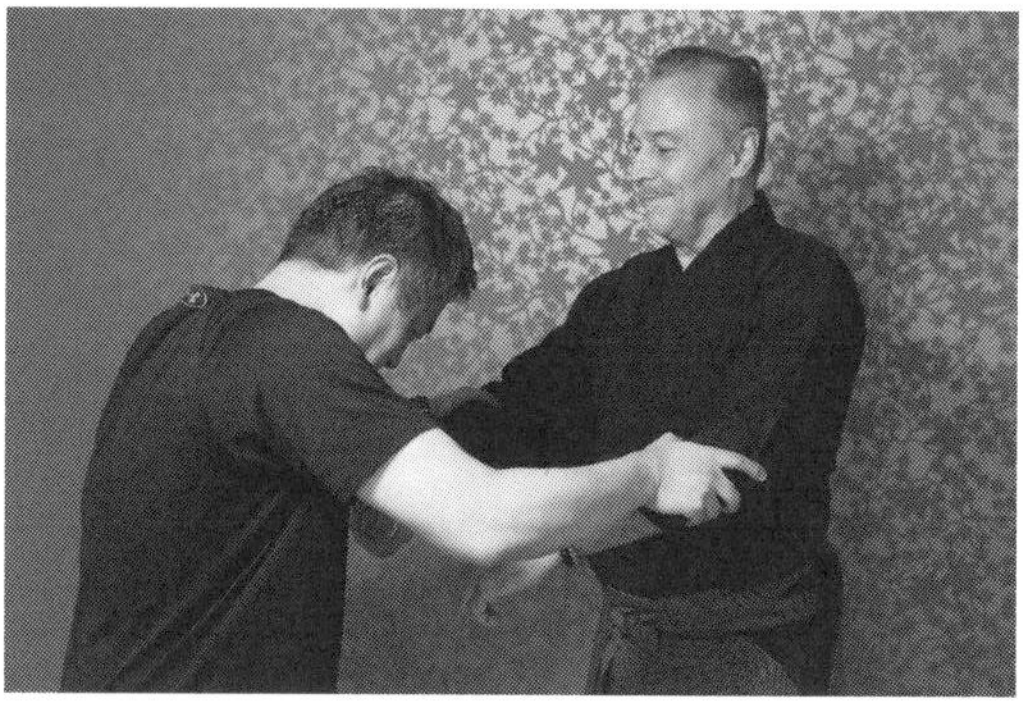

狂言の核心とも言うべき“笑い”。腹の底から響き渡るような笑い声を発せられるのも、正しいナンバの姿勢を取れているからこそだ。なお、先出のダンベルを用いた稽古法及び狂言の摺り足や笑い方は、リード師が狂言師・茂山千三郎先生より学んだものであり、これらは千三郎先生が創始した和の健康メソッド「和儀」の一端である。

さらに壁を利用しての姿勢チェックなど、良好な姿勢づくりには様々な方法がある。立位・歩行時には軸イメージのみだと意識が脊椎に寄りすぎるので、前方で二キロ程度のダンベルを捧げ持つのも一つの手だ。

この良好な姿勢から自然に動き出せば、合氣道や能・狂言などで行われているナンバ歩きとなる。合氣道初心者は動く際、まず手から動き出し、次に足が動いて最後に丹田が動くといった順番になりがちだ。しかし、上級者の動きは全く逆。丹田から動き出し、足から手という風に動いていく。姿勢と動きの上達に応じて、開祖・植芝盛平翁の示した「歩けば技になる」の境地へ近づく訳だ。

姿勢とメンタルの深い関係

俯きがちの悪い姿勢は整形外科的な負担もさることながら、メンタルにも悪い影響を及ぼす。かつては「上を向いて歩こう」という大ヒット曲もあったが、リード師によると「目線は地平線よりやや上が良いでしょう」とのこと。

メンタルヘルスの分野ではストレスは悪いものとされがちだが、全くのノーストレスの環境下に置かれたメダカは早死にするという研究もあるそうだ。しかしながら、安全を担保しつつ天敵の姿を見せておくと元気になるという。このことから適度なストレスによって生物が活性化することが分かる。人間も同様で、座禅を組んだり、武道の昇段審査を受ける、試合をするなどは、生活の向上をもたらす良いストレッサーとしても機能するはずだ。

「しかし、継続的にため込まれるストレスは良くありません」とリード師。ストレスを持ち越さないようにするには「睡眠」が大事になる。睡眠が短かったり、浅いあるいは不眠状態だったりするとストレスは持ち越され続けて健康を害するのだ。しかしナンバの姿勢と動きに熟達すれば、まるで赤ん坊のようにぐっすり眠れるようになるという。

座り、立ち、歩き、寝る、全ての局面で姿勢と身体使いに熟達することはすなわち、達人・塩田剛三の座右の銘「行住坐臥　一切の時勢　これ最善の道場」の体現であり、美空ひばりが柔道の心を歌った歌詞「行くも住るも　座るもふすも柔ひとすじ」の心にも通じてくる。

「打てば響く」心身を獲得する

ナンバの姿勢は単純に健康に前向きに生活できるというだけにはとどまらない。リード師によると「逆境や危機に陥った時に再び立ち上がる力、復元力も培えます」という。脅威に対して驚き恐れ緊張するのは自然な反応で、これを忌避する必要はないが、脅威が去った後も心身の緊張状態が戻らないのは非常に問題だ。だからこそ、「良い姿勢を作り外力に強くなりました」で終わるのではなく、最終的には「打てば響く」ように、外部環境に応じて臨機応変に対応できる心身を養うことを目的とし、ナンバの姿勢によってしなやかな心身を獲得したいものだ。

DATA

◎ Samurai Walk 文武両道　http://www.samurai-walk.com
◎ナンバ術協会　https://nanbajyutsu.jimdofree.com

本文デザイン●澤川美代子
装丁デザイン●やなかひでゆき

本書は『月刊秘伝』2020年1月号、2023年2月号、2023年10月号の記事をもとにして、新たに再編集したものです。

武術に学ぶ 体軸と姿勢

あらゆるパフォーマンスが劇的に上がる!

2024年6月5日　初版第1刷発行

編　集　『月刊秘伝』編集部
発行者　東口敏郎
発行所　株式会社BABジャパン
〒151-0073 東京都渋谷区笹塚1-30-11　4・5F
TEL　03-3469-0135　FAX　03-3469-0162
URL　http://www.bab.co.jp/
E-mail　shop@bab.co.jp
郵便振替 00140-7-116767
印刷・製本　中央精版印刷株式会社

ISBN978-4-8142-0621-6 C2075

本書で登場する、師範・先生のオススメ関連商品!

“骨盤”への意識でワザを効かす!

DVD　河野智聖の 日本人力を高める!

伝統的な日常所作で腰と肚（はら）を作る! 古来日本人が行っていた日常所作に秘められた驚異の身体術。正座・座礼・和装の意義から相手を“崩す”武術的コツ!

●指導・監修：河野智聖　● 80 分　●本体 5,000 円 + 税

腰椎を識る者だけが“本物の動き”を手に入れる!

DVD　河野智聖の「動体学」入門

武術・競技指導者必見! やわら武芸「心道」創始者 河野智聖師による、待望の新作 DVD が登場! 腰椎へ意識を置く事で、打撃・スイング・移動・跳躍など、運動の質を劇的に高める!

●指導・監修：河野智聖　● 85 分　●本体 5,000 円 + 税

“たった 5 秒”でカラダの歪み改善!

DVD　クイック体軸調整 イス軸法

イスに座って立つだけ! “ウソみたいな”本当に効く体軸調整! ＜イス軸法のメリット＞ 1. 身体能力の向上　2. 骨盤の歪みの修正　3. バランスの良い身体作り。最も良い立ち方がカラダを変える!

●指導・監修：西山創　● 56 分　●本体 5,000 円 + 税

種目を超える、必須動作の身につけ方

DVD　高橋佳三教授の 達人のカラダ作り

あらゆる武術・運動に効くトレーニング法! スキル向上のための稽古・トレーニングを一生懸命やっていても思ったように上達しないと感じる…。それは、【全てに共通するカラダの能力】が上がっていないからかも知れません。そこで本 DVD では【必須の基礎動作の身につけ方】を高橋先生が分かりやすく解説致します。

●指導・監修：高橋佳三　● 65 分　●本体 5,000 円 + 税

武術の知恵でパフォーマンスを最大にする

DVD　高橋佳三教授の カラダの強化書

「いくらトレーニングを重ねても結果が出ない」。この壁は、スポーツ・武道などで多くの方が突き当たるもの。そんな時は「姿勢と動き」を見直す時期かも知れません。この DVD は高橋佳三先生が武術的な知恵を活かした能力最大化のコツを丁寧に実演・解説。

●指導・監修：高橋佳三　● 58 分　●本体 5,000 円 + 税

本書で登場する、師範・先生のオススメ関連商品!

【後ろ足の膝】で技を3倍効かせる!

DVD　龍の合気道

誰もが語らなかった合気道の「核心」!【膝】を知ることで技は激変する!技を効かせるうえで、重要なポイントは＜後ろ足の膝の開き＞にあった!今回のDVDでは、これまであまり語られることのなかった「後ろ足の膝」の威力について、詳しく解説!!

●指導・監修：安藤毎夫　●82分　●本体5,000円+税

相手に伝わる"動きの質"を高める!

書籍　「正しい脱力」講座

「力まない」ことは「力の消失」ではない。動かす部分と動かさない部分を分け、適切にコントロールすることだ。それによってラクに動け、最大の力が伝わる。意外と気づけない「コロンブスの卵」的発想! 武術、スポーツ、芸事はもちろん、日常動作でも使える。空前絶後の「脱力講座」、いざ開講!

●広沢成山 著　●四六判　●216頁　●本体1,500円+税

「力の最適化を目指す」超入門

DVD　丹田のコツ

「骨」「脱力」「分離」の三大要素で【丹田】を作る! 骨盤周辺への意識から【丹田】を養成する画期的メカニズムを"脱力のプロ"が解明する!

●指導・監修：広沢成山　●56分　●本体5,000円+税

頑張らないから合理的に動ける!

DVD　本当のナンバ歩き

日本古来の歩法で疲れない身体を作る!これまで誤解されてきた「ナンバ歩き」の"本当"を学ぶ画期的DVDの登場! ＜本当のナンバ歩きとは?＞・手足は前後同じ側に振らない!・踵から着地しない!・体は捻らない!

●指導・監修：矢野龍彦、ウィリアム・リード　●81分　●本体5,000円+税

超効率歩法を護身に活かす!

DVD　ナンバ体術入門

日本古来の超効率歩法「ナンバ歩き」の身体操作を応用することで、とんぼのように居着かず、素早い達人的な身体動作を可能にする。このDVDではナンバ術協会特別師範にして武道にも深く精通するウィリアム・リード師が、武道・武術だけではなく、日常生活を送る上での所作など、ナンバ体術を詳細に解説。

●指導・監修：ウィリアム・リード　●77分　●本体5,000円+税